리폼드 시리즈 REFORMED SERIES

개혁주의는 하나님 중심, 말씀 중심, 교회 중심의 신학을 말합니다. '성령으로 돌아가자'던 종교개혁자들의 외침을 따라 하나님의 주권에 복종하고 성경의 권위를 인정하고 근본 교리를 믿었던 사람들이 바로 개혁주의자들입니다. 존 칼빈, 존 번연, 리처드 백스터, 조나단 에드워즈, 존 오웬 등은 대표적인 개혁주의 신학자들입니다. 그들 신앙의 중심에는 성경이 있었고 성경의 바른 교리를 따라 성도들을 가르쳤습니다. 오늘 우리는 그 어느 때보다 신앙의 근본이 절실한 시대를 살고 있습니다. 생명의말씀사는 신앙 선배들의 깊은 통찰이 담긴 양서들을 새롭게 단장하여 한국교회를 섬기고자 합니다.

천국에의 초대

A SURE GUIDE TO HEAVEN
by Joseph Alleine

First Published in the English language in 1671
Korean Edition published by Word of Life Press, Seoul ⓒ 2018
All rights reserved.
Printed in Korea.

천국에의 초대

ⓒ 생명의말씀사 2018

2018년 10월 30일 1판 1쇄 발행

펴낸이 | 김재권
펴낸곳 | 생명의말씀사

등록 | 1962. 1. 10. No.300-1962-1
주소 | 서울시 종로구 경희궁1길 5-9(03176)
전화 | 02)738-6555(본사) · 02)3159-7979(영업)
팩스 | 02)739-3824(본사) · 080-022-8585(영업)

기획편집 | 임선희
디자인 | 김혜진, 윤보람
인쇄 | 영진문원
제본 | 정문바인텍

ISBN 978-89-04-16641-1 (04230)
ISBN 978-89-04-00161-3 (세트)

저작권자의 허락없이 이 책의 일부 또는 전체를
무단 복제, 전재, 발췌하면 저작권법에 의해 처벌을 받습니다.

천국에의 초대

A Sure Guide to Heaven

조셉 얼라인 지음 | 이태웅 옮김

시.작.하.는. 글.

하나님께 돌아오십시오

저는 당신에게 빚진 자입니다. 그래서 하나님 집의 충성된 청지기가 되어 당신이 받아야 할 것들을 나누어 주는 일을 감당하고 싶습니다. 대부분의 의사들은 위험하고 가망이 없는 환자들에게 깊은 관심을 쏟고, 보통의 아버지는 죽어 가는 자녀를 더욱 측은하게 여기는 법입니다.

이와 같이 우리도 회개하지 못한 영혼들을 진정으로 사랑하며 불에서 끌어내듯이(유 23절) 신속하게 움직여야 합니다. 저는 먼저 그런 사람들을 위하여 심혈을 기울이고자 합니다.

그렇다면 무엇부터 말해야 좋을까요? 무엇으로 그들을 구원할 수 있을까요? 이 간절함을 표현할 수 있다면 얼마나 좋을까요! 저는 그들에게 눈물로 편지를 쓰고, 통곡으로 모든 이론을 파하며, 저의 혈관을 잉크로 사용하며, 무릎을 꿇고 그들에게 호소할 것입니다. 그렇게 해서 그들이 회개하고 돌이킨다면 얼마나 감사한 일이겠습니까!

그동안 제가 많은 사람을 위하여 얼마나 애써 왔는지 모릅니다. 그들을 모으려 했던 때가 얼마나 많았는지 모릅니다. 오랜 세월 공부하고 기도해 온 것은 순전히 그들을 하나님께 인도하기 위함이었습니다. 지금이라도 그 일을 할 수만 있다면 더 바랄 것이 없습니다! 어떻게 더 애원해야 할까요?

오, 주님, 이 일을 하기에 제가 얼마나 부족합니까? 제가 무엇을 가지고 리워야단(사 27:1 참조-역주)의 비늘을 꿰뚫을 수 있으며, 맷돌처럼 단단한 마음을 감동시킬 수 있겠습니까? 무덤에까지 가서 죽은 시체들이 제 말을 듣고 순종하여 일어나 나오기를 기대해야 할까요? 저 바위에게 웅변을 토하며, 저 산들에게 열변을 토하여 그들을 감동시켜야 할까요? 저에게 소경의 눈을 뜨게 하라는 말씀이십니까? 창세 이후로 소경으로 난 자의 눈을 뜨게 하였다 함을 듣지 못하였습니다(요 9:32). 그러나 주님은 죄인의 심장을 꿰뚫으실 수 있습니다. 죄는 죽이시고, 이 글에 눈을 돌리는 죄인의 영혼은 구원하옵소서.

협착한 길, 즉 거듭나는 과정을 밟지 않고는 결코 천국에 들어갈 수 없습니다. 거룩함이 없이는 주를 보지 못합니다(히 12:14). 그러므로 지금 당신 자신을 하나님께 드리십시오. 지금 하나님을 찾으십시오. 지금 당신의 마음속에 주 예수님을 모시고, 바로 지금 당신의 가정에 주님을 모셔 들이십시오. 하나님의 아들에게 입 맞추십시오(시 2:12 참조). 그리고 그분의 자비로 사랑을 깨달으십시오. 그분의 금홀을 만지고 사십시오. 무엇 때문에 죽고자 하십니까?

저는 저 자신을 위하여 구하는 것이 아니라 오직 당신의 행복을 위해 구합니다. 이것이 바로 저의 목표입니다. 제 마음의 소원과 간구는 당신이 구원을 얻는 것입니다(롬 10:1).

제가 당신에게 인생의 가장 중요한 문제를 솔직하고 자유롭게 이야기해 줄 수 있기를 바랍니다. 저는 웅변가처럼 유식한 연설을 하려는 것도 아니고, 우아한 말로 당신을 기쁘게 하려는 것도 아닙니다. 이 책은 당신이 하나님을 믿게 하고, 회개케 하여, 구원을 얻게 하려는 중요한 사명을 가지고 있을 뿐입니다.

저의 목표는 미사여구로 사람들을 현혹시키며 박수갈채를 받으려는 것이 아니라 오직 사람들의 영혼을 건지는 것입니다. 다시 말해 저의 사역은 사람들을 기쁘게 해 주는 것이 아니라 그들을 구원하는 것이며, 사람들의 기분이 아닌 그들의 심령에 관심을 가집니다. 즉 당신의 심령을 사로잡지 못한다면 다른 것은 제게 무익할 뿐입니다.

제가 당신의 귀를 즐겁게 하려 한다면, 저 스스로를 위해 설교하는 것이라면 달리 이야기했을 것입니다. 좀 더 부드러운 이야기를 했을 것이고, 당신을 위해 베개를 주며, 평화로운 이야기를 나누었을 것입니다. 이는 자기에 대하여 흉한 일간 예언하는 미가야 선지자를 아합 왕이 좋아할 리 없음을 저 또한 알고 있기 때문입니다(왕상 22:8).

그러나 상처를 주는 친구의 말이 결국 간을 꿰뚫을 화살이 될 음녀의 말을 듣는 것보다 유익합니다(잠 6:26, 7:21-23). 제가 만일 우는 아이를 달래고 있다면 잠을 재우거나 노래를 불러 주어 아이를 좀 더 기분 좋게 해 주겠지만, 아이가 불구덩이에 빠졌다면 노래를 불러 주거나 달래지 않고 다른 조치를 취할 것입니다.

제가 당신을 설득하는 데 실패한다면 당신은 잃어버린 바 될 것입니다. 당신을 일으켜 하나님께로 돌아오게 하지 못한다면 당신은 영원히 멸망할 것입니다.

회개 없는 구원은 있을 수 없습니다. 제 말을 받아들이십시오. 그러지 않으면 당신은 비참하게 멸망할 수밖에 없습니다.

오, 주여, 저를 위해 시내에서 매끄러운 돌을 골라 주옵소서(삼상 17:40, 45 참조). 저는 만군의 여호와 곧 이스라엘 군대의 하나님의 이름으로 옵니다. 저는 풋내기 다윗이 골리앗에게 나온 것처럼, 혈이나 육과 싸우러 오지 않고 정사와 권세와 이 어두움의 세상 주관자들과 싸우려고 나옵니다(엡 6:12 참조). 오늘 주님께서 블레셋 사람을 치셔서 갑옷 입은 강한 자를 무찌르시고, 그 손으로부터 포로들을 건져 주옵소서. 주여, 저의 말을 고르시고, 무기를 골라 주옵소서. 그래서 제가 손을 주머니에 넣어 돌을 취하여 물매로 던지면 주님께서 그 돌을 명중시켜 주소서. 다만 그 돌이 적군의 이마가 아닌, 구원받지 못한 사람의 심령 속에 박히게 하옵소서. 그리고 그를 다소 사람 사울처럼 땅바닥에 엎드러지게 하옵소서(행 9:4 참조).

독자들 중에는 회개의 정의를 모르는 사람이 있을 것입니다. 그것을 이해할 수 없는 사람에게는 아무리 설득시키려 해도 소용이 없을 것입니다. 그런 사람을 위해 저는 회개의 정의를 말할 것입니다.

간혹 아무런 삶의 변화도 없이 은혜만 구하는 사람들이 있습니다. 그들을 위해 저는 회개의 필요성을 보여 줄 것입니다.

또 어떤 이들은 이미 구원받았다고 자기 자신을 기만합니다. 그런 사람들에게는 회개하지 않은 사람들의 표적을 보여 줄 것입니다.

어떤 사람들은 아무런 위험도 느끼지 못하고, 아무것도 두려워하지 않으며, 갑판 위에서 자듯 달게 잠을 잡니다. 그런 사람들을 위해서는 회개하지 않은 사람들의 비참함을 이야기할 것입니다.

탈출구를 찾지 못하여 그냥 주저앉는 사람들도 있습니다. 그런 사람들에게는 회개의 방법을 제시할 것입니다.

마지막에는 모든 사람을 소생시키기 위해 회개의 동기로 이 책을 마무리할 것입니다.

_ **조셉 얼라인**

C.O.N.T.E.N.T.S.

시작하는 글 _ 하나님께 돌아오십시오 / 4

01 회개에 대한 오해 / 13

그리스도를 믿겠다고 고백하는 것 / 세례라는 배지 / 도덕적 의 / 외적으로 경건한 모습 / 잘못된 것을 고치는 것 / 죄를 뉘우치는 것과 부분적인 개혁

02 회개의 본질 / 25

회개하게 하시는 분 / 회개의 참된 근거 / 회개의 도구 / 회개의 최종 목표 / 회개하게 하시는 대상 / 죄와 사탄과 세상과 자기 의 / 성부, 성자, 성령을 향하여

03 회개의 필요성 / 71

회개가 없으면 당신은 헛된 존재다 / 회개가 없으면 모든 피조물도 헛되다 / 회개가 없으면 종교도 헛되다 / 회개가 없으면 소망도 헛되다 / 회개가 없으면 그리스도의 사역과 고난이 당신에게 허사가 된다

04 회개하지 않은 사람들의 표적 / 107

더러운 자 / 탐하는 자 / 술 취하는 자 / 거짓말하는 자 / 맹세하는 자 / 모욕하는 자와 험담하는 자 / 도적질하는 자, 토색하는 자 / 평소에 하나님을 경배하지 않는 자 / 헛된 친구들과 사귀는 자 / 종교를 우롱하는 자 / 의도적인 무지 / 은밀한 죄 / 형식적인 종교 / 그릇된 동기로 하는 거룩한 의무 / 자기 의를 의지하는 것 / 종교의 엄격함에 대한 숨은 적개심 / 일정 수준의 종교 생활에서 멈춤 / 세상을 몹시 사랑함 / 자기를 무시하거나 해를 끼치는 자에 대한 앙심 / 살아 있는 자만심 / 쾌락을 지나치게 사랑하는 일 / 육신적 안정

A Sure Guide to Heaven

05 회개하지 않은 사람들의 비참함 / 131

하나님께서 대적하신다 / 하나님의 모든 피조물이 대적한다 / 사탄이 완전히 지배하고 있다 / 모든 죄목이 태산처럼 쌓여 있다 / 비참한 욕망의 노예가 된다 / 영원한 복수의 풀무불이 타오른다 / 율법이 위협하고 저주한다 / 복음도 영원한 형벌을 선고한다

06 회개하지 않은 사람들에게 주는 교훈 / 167

회개하지 않으면 천국에 들어갈 수 없다 / 죄를 철저히 깨닫는 데 힘쓰라 / 현재의 비참함을 절감하라 / 당신을 향한 도움 / 당신의 모든 죄를 버리라 / 하나님을 선택하라 / 주 예수님을 영접하라 / 당신을 주님께 드리라 / 그리스도의 율법을 규범으로 삼으라 / 하나님의 언약을 붙들라 / 회개를 미루지 말라 / 하나님의 말씀을 진지하게 대하라 / 성령님과 함께 일하라 / 항상 기도하라 / 나쁜 친구를 버리고 죄를 피하라 / 당신의 죄와 비참함을 숙고하라

07 회개의 동기 / 211

하나님께서 당신을 부르신다 / 하늘의 문이 열려 있다 / 이 세상에서 당신에게 주어질 특권 / 긍휼의 조건이 낮아졌다 / 하나님께서 모든 은혜를 주신다

마치는 글 _ "지금은 은혜 받을 만한 때요 구원의 날이로다" / 232
부록 _ 거듭나지 않은 자를 위한 독백 / 246

01
회개에 대한 오해

마귀는 많은 사람을 가짜로 회개시켜 놓고 이것저것으로 여러 사람을 속인다. 그의 기만술이 어찌나 교활하고 간교한지 심지어 택함받은 자들까지도 미혹당한다. 그러므로 이 장에서는 실제로 회개하지 않았으면서 회개했다고 생각하는 치명적 오류를 바로잡는 한편, 사실상 회개하고도 회개하지 않은 사람처럼 두려워하고 걱정하는 것을 덜어 주기 위해 긍정적인 면과 부정적인 면을 짚으며 회개의 정의를 내려 보겠다. 다음은 회개에 대한 치명적 오류다.

그리스도를 믿겠다고 고백하는 것

회개는 단순히 그리스도를 믿겠다고 고백하는 것이 아니다. 기독교는 이름 자체가 중요한 것이 아니다. 바울의 말을 빌리면 기독교는 말에 있지 않고 오직 능력에 있다(고전 4:2). 어떤 사람이 유대인이나 이교도의 신분을 버리고 기독교를 믿겠다고 고백하는 것이 참으로 회개한 것이라면(많은 사람이 그것이 회개라고 알고 있다), 사데나 라오디게아교회의 그리스도인들보다 나은 것이 무엇인가? 그들은 말로만 예수님을 믿겠다고 고백한 사람들로서 명목밖에 내세울 것이 없었다. 그래서 예수님은 그들을 정죄하셨고, 그들을 토하여 내치겠다고 말씀하셨다(계 3:14-16).

솔직히 주 예수님의 이름을 부르면서도 여전히 불의에서 떠나지 않고(딤후 2:19), 하나님을 안다고 시인하면서 행위로는 부인하는(딛 1:16) 이들이 얼마나 많은가? 하나님께서 그런 자들을 참으로 회개한 사람으로 용납하실 수 있다고 믿는가? 죄에서 구원받았다고 하면서 여전히 죄 가운데 사는 것이 합당한가?

이것이야말로 명약관화한 모순이다. 단순한 고백으로 충분하다면 미련한 처녀들이 바깥 어두운 데로 쫓겨났을 리 만무하다(마 25:12). 우리는 비단 고백하는 그리스도인들뿐 아니라 그리스도의 말씀을 전하는 자들과 이적을 행하는 자들까지도 불법을 행한 것 때문에 배척당한 사실을 알 수 있다(마 7:22-23).

세례라는 배지

회개는 세례라는 배지를 다는 것이 아니다. 아나니아와 삽비라, 마술사 시몬도 다른 사람들과 함께 세례를 받았다. 그러나 얼마나 많은 사람이 여기에 속기도 하고 속이기도 하는 과오를 범하는가! 그들은 실제로 은혜를 받는 것과 외적 표시인 세례 사이에 불가분의 관계가 있다고 믿는다. 그래서 세례를 받은 사람은 누구나 진정으로 거듭난 것이라고 오해하며, 그것이 다만 성례식이라는 사실을 깨닫지 못한다. 즉 세례 받을 때 거듭났기 때문에 더 이상 아무 일도 할 필요가 없다고 생각한다.

이것이 사실이라면 세례 받은 사람들은 필연적으로 구원을 얻어야 마땅하다. 그리고 죄사함과 구원은 곧 세례로 이루어진다고 말해야 할 것이다(마 19:28; 행 3:19). 구원과 세례가 동일한 것이라면 사람들이 죽을 때 세례 증서만으로 틀림없이 천국에 들어갈 수 있을 것이다. 다시 말해 회개하는 것이나 중생하는 것이 단지 세례만으로 이루어진다면 당장 마태복음 7장 13-14절 말씀과 정면으로 맞서게 되고, 수없이 많은 성경구절과도 부딪치게 될 것이다. 또한 우리는 더 이상 "구원의 문은 좁고 그 길은 협착하다"고 말할 필요가 없을 것이다. 세례 받은 자마다 구원을 받는다면 사실상 그 문은 비길 데 없이 넓은 것이기 때문이다. 그렇다면 우리는 아마도 "생명으로 인도하는 문은 크고 그 길은 넓다"고 말해야 옳을 것이다. 수천 명이 나란히 걸어 들어갈 수 있으므로 의인이 겨우 구원을 얻는다거나, 천국은 "침노를 당하나니 침노하는 자는 빼앗느니라"(마 11:12; 눅 13:24; 벧전 4:18)라는 말을 가르칠 필요가 없을 것이다.

그 길이 혹자가 말하는 것처럼 쉽게 세례를 받고 "주여, 저를 불쌍히 여겨 주옵소서."라고 부르짖는 것으로 끝난다면, 우리는 하나님의 말씀대로 구원받기 위해 찾고, 문을 두드리고, 씨름할 필요도 없을 것이다. 또 그것이 사실이라면 우리는 "찾는 이가 적음이니라"고 말할 것이 아니라 "찾지 못하는 자가 드물다"고 말해야 좋을 것이다. 또한 앞으로는 청함을 받은 자들 가운데 "택함을 입은 자는 적으니라"(마 22:14)고 말하거나, 고백하는 이스라엘 자손들 가운데 오직 "남은 자만 구원을 얻으리니"(롬 9:27)라고 이야기하지 못하게 될 것이다.

뿐만 아니라 우리는 제자들처럼 "그럼 누가 구원을 얻으리이까?"라고 물을 수 없고, "그럼 구원받지 못할 사람이 어디 있습니까?"라고 말하게 될 것이다. 누구든지 세례만 받으면 음란한 자나, 욕하는 자나, 탐하는 자나, 술 취하는 자라도 무조건 하나님의 나라를 유업으로 받게 될 테니 말이다(고전 5:11, 6:9-10).

하지만 어떤 이들은 이렇게 대답할 것이다. "그런 사람들은 세례를 통하여 중생했지만, 그 후 타락했기 때문에 다시 새로워지지 않으면 구원을 받을 수 없다."

이에 대한 나의 대답은 다음과 같다. 첫째, 앞에서 이미 언급한 바와 같이 중생의 씻음(죄사함)과 구원 사이에는 불가분의 관계가 있다. 둘째, 이것이 사실이라면 사람들은 계속 거듭나야 한다는 결론인데, 그와 같은 모순은 있을 수 없다. 사람이 육신으로 두 번 태어날 수 없듯이 은혜 가운데서도 두 번 태어날 수 없기 때문이다. 셋째, 사람들이 아무리 세례로 무엇을 했고, 또 무엇을 얻었다고 주장할지라도, 그들이 훗날 하나님을 모르고 불경건하며 형식적이고 경건의 능력이 없는 것으로 판명된다면 "거듭나야 한다"(요 3:7 참조). 그러지 않으면 그들은 분명 하나님 나라에서 쫓겨날 것이다. 그들은 세례가 곧 중생의 씻음을 얻는 것이라는 오류에서 벗어나지 않으면 안 된다.

주지하는 바와 같이 누군가 세례를 통해 구원을 받았든 그렇지 않든 간에 그가 성화되지 않았다는 사실이 분명하게 드러나면, 철저하고도 강력한 변화를 받아 새롭게 되어야 한다. 그러지 않으면 지옥의 저주를 피할 길이 없을 것이다.

"스스로 속이지 말라. 하나님은 만홀히 여김을 받지 않으신다." 당신이 세례나 다른 어떤 것을 내세운다 할지라도 나는 살아 계신 하나님을 두고 말한다. 당신이 기도하지 않는 사람이거나, 비방하는 사람이거나, 미련한 자와 사귀기를 좋아하는 사람이거나(잠 13:20), 거룩하지 않고, 철저하지 않고, 자기를 부인하는 그리스도인이 아니라면 구원받았을 리 없다(히 12:14; 마 15:14).

도덕적 의

회개는 도덕적 의를 지키는 것을 의미하지 않는다. 이것은 서기관과 바리새인의 의(義)를 초월하지 못한다. 우리는 이것을 통해 천국에 들어갈 수 없다(마 5:20). 바울은 회개 전에도 율법의 의로 흠이 없었다(빌 3:6). 바리새인도 "나는 … 토색, 불의, 간음을 하는 자"(눅 18:11)와 같지 않다고 말할 수 있었다. 당신이 이 모든 것보다 나음을 보여 주기 전에는 아무리 자신을 정당화해도 하나님께서 당신을 정죄하실 것이다.

나는 도덕 자체를 정죄하는 것이 아니다. 도덕을 의뢰하지 말라고 경고하는 것뿐이다. 경건은 반드시 도덕을 포함한다. 이는 마치 기독교가 인도주의를 포함하는 것과 같으며, 은혜가 이성을 포함하는 것과 같다. 그러나 양자를 갈라놓아서는 안 된다.

외적으로 경건한 모습

회개는 단순히 외적으로 경건한 모습을 보이는 것이 아니다. 많은 사람이 경건의 모양은 있으나 경건의 능력은 없을 수 있다(딤후 3:5). 오래 기도하고(마 23:14), 자주 금식하며(눅 18:12), 말을 달게 듣고(막 6:20), 열심이 있고, 하나님께 값비싸고 귀중한 것을 드리면서도(사 1:11) 회개와 거리가 멀 수 있다. 교회에 출석하며 헌금하고 기도한다고 해서 확실히 회개했다고 말할 수 없다.

위선자들도 어떤 외적 봉사든 할 수 있으며, 심지어 자기에게 있는 모든 것으로 구제하고, 자기 몸을 불사르게 내어 줄 수도 있다(고전 13:3).

잘못된 것을 고치는 것

회개는 교육, 법률, 형벌로 잘못된 것을 고치는 것을 뜻하지 않는다. 우리는 교육을 은혜로 오해하기 쉽고, 실제로 그러한 일이 흔하다. 그러나 교육만으로 충분했다면 요아스보다 더 나은 사람이 어디 있겠는가? 그의 숙부 여호야다가 살아 있을 때 그는 하나님을 섬기는 일에 무척 열심이어서 여호야다에게 성전의 퇴락한 곳을 수리하도록 명했다(왕하 12:2, 7). 하지만 그것은 훌륭한 교육 덕분이었을 뿐 이후 훌륭한 가정교사가 없어지자 요아스는 쇠사슬에서 풀려 나온 늑대처럼 우상 숭배자로 전락했다.

죄를 뉘우치는 것과 부분적인 개혁

회개는 단지 죄를 뉘우치는 것과 외적 변화, 부분적인 개혁을 말하지 않는다. 하늘로부터 빛을 받은 사람도 배교자가 될 수 있다(히 6:4). 벨릭스는 찔림을 받고 두려워했고(행 24:25), 헤롯도 여러 일을 했다(막 6:20). 찔림을 받아 죄를 깨닫는 단계가 있고, 그 죄가 구원의 은혜로 온전히 십자가에 못 박히는 단계가 있다.

수많은 사람이 자기 죄에 대해 양심에 가책을 받았기 때문에 모든 것이 해결됐다고 생각하면서 죄를 깨닫는 것을 회개로 오해하는 경우가 있다. 이런 사람들은 미친 사람처럼 세상을 방황하며 심한 죄의식의 소용돌이 속에서 건축과 사업으로 그것을 은폐했던 가인까지도 회개한 자로 인정할 것이다.

또 다른 이들은 방탕했던 생활을 청산하고, 악한 친구나 특정한 욕망을 끊어 버리고, 침착과 예의를 되찾은 것을 참으로 회개한 것이라고 생각한다. 안타깝게도 그들은 성결케 되는 것과 예의를 갖추는 것이 천양지차라는 사실을 잊고 있다. 또한 수많은 사람이 하나님 나라에 들어가려고 노력하지만 거의 다 오고도 끝끝내 기독교 안으로 들어오지 못한 채 떨어져 나간다는 사실을 잊고 있다. 양심이 그들을 채찍질할 땐 많은 사람이 기도하며, 말씀을 들으며, 읽으며, 죄를 억누르지만, 그 안에 있는 양심의 사자가 잠들자마자 다시 죄 가운데 빠져 버린다.

하나님의 손이 유대인들 위에 있을 때 그들보다 더 종교적인 사람들이 어디 있었는가? 하지만 고통이 끝나자마자 그들은 하나님을 떠나 버렸다. 어쩌면 당신은 고통스러운 죄를 떨어 버렸을지 모른다. 이 세상의 더러운 퇴폐풍조를 피할 수 있을지도 모른다. 하지만 그 모든 것도 당신이 가진 죄의 성품을 개조할 수는 없을 것이다.

당신이 조잡한 납덩어리를 틀에 넣어 보기 좋은 식물 형상으로 만들고, 녹여서 다시 동물 형상으로 만들고, 그것을 다시 사람의 형태로까지 만든다 해도 납은 결국 납이다. 마찬가지로 사람도 여러 변화를 거쳐 무식에서 유식으로, 무례함에서 예의를 갖춘 상태로, 또 종교까지 가지게 된다 해도 여전히 육신이 살아서 중생하지 못하고 성품이 변화되지 않을 수 있다.

그렇다면 죄인인 우리는 왜 듣고 생명을 얻으려 하지 않는가? 왜 우리는 스스로를 속이고 모래 위에 소망의 집을 세우려 하는가? 우리의 헛된 소망을 뿌리 뽑기란 그리 쉬운 일이 아니다. 그것은 불쾌하게 여겨질 수밖에 없다. 당신은 물론 내게도 똑같이 불쾌한 일이다. 나는 썩어 가는 친구의 사지를 절단하지 않으면 안 될 입장에 처한 의사처럼 가슴이 찢어지는 심정으로 이야기하고 있다. 나는 단지 폐허가 된 건물을 헐고 있을 뿐이다. 그것을 헐지 않고 버려두면, 어느 날 갑자기 허물어지고 내려앉아 당신을 깔려 죽게 만들 것이다. 그래서 나는 그것을 헐어 아름답고 튼튼하게, 오래오래 갈 수 있는 견고한 집을 다시 지으려 한다. 악한 자의 소망은 곧 사라지게 마련이다(잠 11:7).

지금이라도 하나님의 말씀을 믿고, 당신의 거짓되고 허망한 소망을 버리라. 죽음이 닥쳐와서 당신을 지옥에 처넣기 전에 이 사실을 깨닫는 것이 훨씬 좋지 않겠는가?

당신이 앞에 언급한 사실 위에 소망의 집을 짓는 것을 보고도 당신이 여전히 죄 가운데 있다는 것을 경고하지 않는다면, 나는 거짓되고 충성되지 못한 목자가 될 것이다.

당신은 뭐라고 주장할 것인가? 그리스도의 옷만 입으면 된다고 할 것인가? 그리스도의 이름을 달고, 지역 교회에 출석하고, 종교적인 지식을 갖추고, 교양 있게 행동하고, 종교적인 의무를 수행하고, 공정한 일 처리와 자기 죄에 대한 양심의 가책을 받으면 되는가?

하나님의 말씀으로 말하겠다. 그런 것들은 하나님의 법정에서 결코 용납되지 못할 것이다. 그 모든 것은 그 자체로는 선할지 모른다. 하지만 그것으로 당신의 회개가 증명될 수는 없다. 다시 말해 그것들은 구원을 받기 위한 충분조건이 될 수 없다.

이 사실을 깨닫고 신속히, 전적으로 돌아서라. 당신의 마음을 살피고, 하나님께서 당신의 마음속에 온전한 역사를 이루셨다는 확신을 얻기 전에는 절대로 이 문제를 놓지 말라. 당신이 변하여 새사람이 되지 않는다면 결국 버림받게 될 것이다.

그렇다면 세상 사람들은 어찌 되겠는가? 아마도 그들은 이 글에 눈도 돌리지 않고 귀도 기울이지 않을 것이다. 그러나 누군가 이 글을 읽거나 듣는다면, 그는 자신이 하나님 나라와는 거리가 먼 곳에 있다는 사실을 알아야 할 것이다.

사람이 슬기로운 처녀와 사귀면서도 쫓겨날 수 있는데 하물며 어리석은 자들과 사귀면서 어찌 패망하지 않겠는가? 사람이 모든 것을 공정하게 하면서도 하나님께 의롭다함을 받지 못할 수 있지 않은가? 하물며 자기 양심까지도 자기의 일이 거짓되며 자기 말이 허위임을 말해 주는 비참한 죄인은 말해 무엇하겠는가!

하늘의 빛을 받고 외적으로 경건한 일을 다 지키면서도 참으로 회개하지 못한 채 그 상태로 주저앉아 멸망하는 사람들, 이 세상에서 하나님 없이 살아가는 비참한 사람들은 장차 어떻게 되겠는가? 또한 불행한 죄인들, 하나님을 전혀 생각하지 않고, 너무 무지하여 기도도 하지 못하고, 너무 무관심하여 그러한 일을 하려고조차 하지 않는 자들은 어떻게 되겠는가?

회개하고 돌아서라. 하나님의 의로 죄를 떨어 버리라. 그리스도께 죄사함과 새롭게 하시는 은혜를 받으라. 주님께 항복하고 주님과 함께 거룩한 삶을 살라. 그러지 않으면 결코 하나님을 보지 못할 것이다. 제발 하나님의 경고를 들으라!

주님의 이름으로 한 번 더 권고한다. 나의 책망을 듣고 돌이키라. 어리석음을 버리고 생명을 얻으라. 근신하고, 의로우며, 경건하라. 손을 깨끗이 하라. 마음을 성결케 하라. 악행을 그치고 선행을 배우라(잠 1:23, 9:6; 딛 2:12; 약 4:8; 사 1:16-17). 당신이 계속 돌이키지 않는다면, 결국 죽고 말 것이다.

02
회개의 본질

나는 당신의 눈이 "나무 같은 것들이 걸어가는 것을 본다"고 한 사람처럼 절반만 뜬 채로 있게 내버려 둘 수 없다. 말씀은 책망뿐 아니라 교훈에도 유익하다. 지금까지 갖가지 위험한 오류의 암초와 바위 벼랑 사이에서 인도해 냈으니, 이제는 당신을 진리의 항구로 인도하겠다.

한마디로 회개는 우리의 심령과 삶에 철저한 변화를 가져오는 것이다. 이제 회개의 본질과 근거에 대해 설명하겠다.

회개하게 하시는 분

우리를 회개하게 하시는 분은 성령님이다. 우리는 이것을 "성령의 거룩하게 하심"(살후 2:13), "성령의 새롭게 하심"(딛 3:5)이라고 부른다. 이것은 결코 하나님의 삼위 중 다른 두 위를 도외시하는 것을 의미하지 않는다. 사도는 이에 대해 "우리를 거듭나게 하사 산 소망이 있게"(벧전 1:3) 하신 주 예수 그리스도의 아버지 하나님께 찬송하라고 가르치고 있다.

또한 그리스도는 "이스라엘에게 회개함"(행 5:31)을 주시는 분이고, "영존하시는 아버지"(사 9:6)다. 그리고 우리는 그분의 자손, 즉 하나님께서 그리스도께 주신 자녀다(히 2:13).

하지만 이것은 주로 성령의 역사로 간주된다. 그래서 우리가 "성령으로 난" 자라고 불리는 것이다(요 3:5-6 참조).

이와 같이 회개는 인간의 능력을 초월하는 역사다. 우리는 "혈통으로나 육정으로나 사람의 뜻으로 나지 아니하고 오직 하나님께로부터 난 자들"(요 1:13)이다.

우리는 절대로 우리 자신을 회개시킬 수 없다. 그러므로 당신이 진정으로 회개하려면 먼저 당신 자신의 힘으로는 도저히 회개할 수 없다는 사실을 깨달아야 한다. 그것은 죽음에서 부활하는 것이요(엡 2:1), 새 창조이며(갈 6:15; 엡 2:10), 절대적으로 전능하신 분의 사역이다(엡 1:19). 인간의 능력으로는 미치지 못하는 일이다.

당신이 지금도 어머니 배 속에서 태어날 때부터 받은 선한 성품이나 온유하고 정숙한 기질만을 가지고 있다면, 아직 참된 회개를 못한 것이다. 회개는 초자연적 역사다.

회개의 참된 근거

회개의 참된 근거는 내적인 면과 외적인 면 둘 다에 있다.

내적 근거

내적 근거는 값없이 주시는 은혜를 말한다. "우리를 구원하시되 우리의 행한 바 의로운 행위로 말미암지 아니하고 오직 그의 긍휼하심"과 "성령의 새롭게 하심"으로 하셨다(딛 3:5). "자기의 뜻을 따라 진리의 말씀으로 우리를 낳으셨느니라"(약 1:18). 즉 우리는 거룩을 위하여 부르심을 입고 택함을 받은 것이다(엡 1:4).

우리 안에는 하나님의 마음을 끌 만한 것이 하나도 없고, 오히려 하나님의 기분을 상하게 할 것들로만 채워져 있다. 결국 하나님은 우리에게서 혐오를 일으킬 것들만 발견하시고 사랑스러운 점은 하나도 찾지 못하셨다. 먼저 당신 자신의 돼지 같은 성품과 더러운 구정물, 진창을 좋아하던 일을 반성해 보라(벧후 2:22). 그와 같은 타락과 부패상을 보라. 당신도 그런 자신의 모습을 싫어하지 않는가?(욥 9:31) 그런데 어떻게 거룩과 성결의 근원 되시는 분이 그런 당신을 사랑하실 수 있겠는가? 이 일에 대해 하늘이 떨며 땅이 두려워한다. 우리 중 "은혜를 주옵소서!"라고 외치지 않아도 될 사람이 어디 있겠는가?(슥 4:7) 지극히 높으신 이의 자녀들 모두가 이것을 듣고 부끄러워해야 한다.

감사할 줄 모르는 인간들은 값없이 주시는 은혜가 더 이상 그들의 입과 마음속에 있지 않고, 경외함과 찬양도 없다. 어디서나 하나님을 찬양하고 경배하는 것이 인간의 본분이다. 그런데 어떻게 그러한 은혜를 망각하거나 형식적인 말 몇 마디로 넘겨 버릴 수 있단 말인가?

적의와 결함을 가지고 하나님 앞에 나갈 수 없다는 것은 명약관화하다. 그렇다면 하나님께서 우리를 사랑하시는 것은 오직 값없이 주시는 은혜로만 가능하지 않겠는가? 베드로는 얼마나 깊은 사랑으로 손을 들며 "우리 주 예수 그리스도의 아버지 하나님을 찬송하리로다. 그의 많으신 긍휼대로 … 우리를 거듭나게 하사"(벧전 1:3)라고 했는가! 바울도 "긍휼이 풍성하신 하나님이 우리를 사랑하신 그 큰 사랑을 인하여 허물로 죽은 우리를 그리스도와 함께 살리셨고(너희는 은혜로 구원을 받은 것이라)"(엡 2:4-5)라는 말씀을 통해 값없이 주시는 하나님의 자비를 얼마나 감동적으로 찬미하고 있는가!

외적 근거

외적 근거는 귀하신 주님의 공로와 중재하심을 말한다. 하나님은 패역한 자에게서 선물을 받으셨으며(시 68:18), 그 앞에 즐거운 것을 예수 그리스도로 말미암아 우리 속에 이루셨다(히 13:21).

아버지께서 그리스도 안에서 하늘에 속한 모든 신령한 복으로 우리에게 복을 주셨다(엡 1:3).

주님은 아직도 믿지 않는 택함받은 사람을 위해서 간구하고 계신다(요 17:20). 그러므로 회개하는 모든 자는 주님의 해산하신 수고에 대한 결실이다. 그리스도께서 우리를 위해 받으신 고통에 비하면 육신적 산고는 아무것도 아니다. 그분이 십자가에서 받으신 모든 고통은 우리를 해산하기 위한 고통이었다. 주님은 우리의 거룩함이 되셨다(고전 1:30). 주님은 자신을 거룩하게 하셨다. 즉 자기 몸을 제물로 구별하여 드림으로써 우리가 거룩함을 얻게 하셨다(요 17:19). 그분의 몸이 단번에 드려짐으로 인해 우리가 거룩함을 얻은 것이다(히 10:10).

오직 그리스도의 공로와 중재만이 하나님으로부터 우리가 회개케 하는 은혜를 얻게 하신다. 당신이 이미 그리스도 안에서 새로운 피조물이 되었다면 누구에게 빚지고 있는지 알 것이다. 우리는 주님의 고난과 기도 덕분에 구원을 얻었다. 그리스도인이 예수 그리스도를 좇지 않는 것은 마치 어미 떠난 당나귀 새끼와 같고, 엄마 품에서 떨어진 젖먹이의 처지와 같다. 이제 어디로 가겠는가? 세상에 있는 그 누가 그리스도께서 우리 마음속에서 하실 일을 해 줄 수 있는지 찾아보라. 사탄이 당신을 자기 것이라고 보호하는가? 세상이 당신을 사모하는가? 죄가 당신에게 사랑을 베푸는가? 그런 것들이 당신을 위하여 십자가에서 당신 대신 죽었는가? 그러므로 아직 호흡이 남아 있는 동안 주님을 사랑하고 섬기라.

회개의 도구

회개의 도구에는 인격적인 것과 실제적인 것이 있다.

인격적인 도구는 사역을 의미한다

"그리스도 예수 안에서 내가 복음으로써 너희를 낳았음이라"(고전 4:15). 그리스도의 사역자는 사람들의 눈을 뜨게 하여 하나님께로 돌아가게 하는 일을 맡은 자다(행 26:18). 감사할 줄 모르는 세상은 주님의 사자들을 핍박하는 것이 얼마나 위험한 일인지 알지 못한다. 그들은 그리스도의 보내심을 받아 사람들을 구원하는 일을 하는 자다. 세상은 자신들이 훼방하고 능욕하는 사람들이 누구인지 알지 못하고 있다(사 37:23). 그들은 지극히 높은 하나님의 종으로 사람들에게 구원의 길을 전하는 자다!(행 16:17) 우매한 백성(신 32:6), 배은망덕한 자들이 그들을 조롱하고 있다. 사람들은 자신을 고쳐 주려는 의사를 욕하고, 자신이 탄 비행기를 조종하는 조종사를 밖으로 밀쳐 내려 한다. "아버지여 저희를 사하여 주옵소서. 자기의 하는 것을 알지 못함이니이다."

실제적인 도구는 하나님의 말씀이다

우리는 하나님의 진리의 말씀으로 태어났다. 말씀이 우리 눈을 밝게 하고, 영혼을 소성케 하고(시 19:7-8), 구원에 이르는 지혜를 준다(딤후 3:15). 말씀이 곧 우리를 거듭나게 한, 썩지 아니할 씨다(벧전 1:23). 우리가 씻음을 받았다면 말씀으로 된 것이요(엡 5:26), 우리가 거룩하게 되었다면 그 또한 진리로 말미암은 것이다(요 17:17). 믿음이 생기게 하는 것도 말씀이며, 우리를 중생케 하는 것도 말씀이다(롬 10:17; 약 1:18).

생각해 보라. 이와 같이 우리를 회개케 해 준 말씀을 어떻게 사랑하지 않을 수 있겠는가! 우리를 새롭게 하시는 말씀의 능력을 체험했다면 살아 있는 동안 마음껏 말씀을 먹어야 하고, 말씀에 감사하는 마음을 늘 갖고 있어야 할 것이다.

말씀을 목에 매고, 손바닥에 쓰고, 가슴속에 간직하라. 당신이 다닐 때 그것이 당신을 인도하게 하고, 잘 때 보호하게 하며, 일어나 깰 때 당신과 더불어 말하게 하라(잠 6:21-22). 시편 기자와 함께 "내가 주의 법도들을 영원히 잊지 아니하오니 주께서 이것들 때문에 나를 살게 하심이니이다"(시 119:93)라고 말하라.

당신이 아직 회개하지 않았다면 하나님의 말씀을 부지런히 읽고, 그 말씀이 힘 있게 전파되는 곳을 찾아가라. 말씀을 통하여 성령이 임하기를 기도하라. 무릎을 꿇고 있다가 설교를 들으러 가고, 설교를 듣고 또 무릎을 꿇으라. 설교가 당신 안에서 능력을 발휘하지 못하는 것은 기도와 눈물로 받지 않고, 묵상하지 않기 때문이다.

회개의 최종 목표

회개의 최종 목표는 사람을 구원하고 하나님께 영광을 돌리는 것이다. 우리가 택함을 입어 성령의 거룩하게 하심으로 구원을 얻은 것은(살후 2:13) 영화롭게 되기 위함이다(롬 8:30). 하지만 그보다 더 중요한 것은 하나님께 영광을 돌려(사 60:21) 그분의 아름다우신 덕을 보여 주고(벧전 2:9), 모든 선한 일에 열매를 맺는 것이다(골 1:10).

이 소명을 잊지 말라. 당신의 빛을 비추며, 당신의 등불을 환하게 하고, 당신의 시절을 따라 좋은 과실을 많이 맺으라(시 1:3). 당신의 모든 계획이 하나님의 계획과 일치하게 하여 당신의 삶 가운데 그리스도만 존귀하게 되시도록 하라(빌 1:20).

회개하게 하시는 대상

회개하게 하시는 대상은 택함받은 죄인들이다. 하나님은 우리의 온 능력과 지체와 마음을 다 회개시키려 하신다. 그분은 미리 정하신 자들을 부르신다(롬 8:30). 아버지께서 주신 그분의 양 외에는 아무도 그리스도께 올 수 없으며, 이는 우리 힘으로 아무리 소리를 지르고 믿어도 되지 않는다(요 6:37, 44). 즉 효과적인 부르심은 영원한 선택과 병행한다(벧후 1:10).

자신이 선택을 받고 안 받고를 먼저 이야기하는 것은 문제를 거꾸로 다루는 것이다. 먼저 자신이 회개했음을 입증하라. 그 다음 자신이 선택받은 사실을 확신하라. 회개를 입증하지 못하겠다면 더 철저하게 회개하라.

우리는 하나님의 의도를 다 알 수 없다. 하지만 그분의 약속은 명약관화하다. 반역자들은 "내가 선택받은 사람이라면 무슨 짓을 해도 구원을 받고, 내가 선택받지 못했다면 아무리 노력해도 지옥에 간다"고 얼마나 기를 쓰며 반박하는지 모른다. 하지만 어떻게 그 순서를 뒤집어 말할 수 있는가? 하나님의 말씀이 우리 앞에 있지 않은가? 거기에 무엇이라 적혀 있는가?

"회개하고 돌이켜 너희 죄 없이함을 받으라"(행 3:19).
"영으로써 몸의 행실을 죽이면 살리니"(롬 8:13).
"주 예수를 믿으라. 그리하면 … 구원을 받으리라"(행 16:31).

어떻게 이보다 더 명확할 수 있는가? 더 이상 선택에 대해 왈가왈부하지 말고 지금 회개하고 믿으라. 하나님께 회개하는 은혜를 달라고 울부짖으라. 계시된 말씀이 우리 앞에 있으니 속히 먹으라. 혹자가 말했듯이, 하나님의 분명한 말씀을 양식으로 삼지 않는 사람들은 뼈다귀를 먹고 질식해도 할 말이 없을 것이다. 우리가 비록 하나님의 의도를 알 수 없을지라도 그분의 약속이 틀림없다는 것은 확실하게 알 수 있다. 하늘의 섭리가 어떠하든 회개하고 믿으면 구원받는 것만은 확실하다. 그러므로 회개하지 않으면 지옥에 갈 것이다. 어떻게 이보다 더 명확하게 말할 수 있는가? 당신은 여전히 파선되기를 원하는가?

뿐만 아니라 이런 회개의 변화는 전인격에 걸쳐 일어난다. 육에 속한 사람에게도 덕행이 전혀 없지 않다. 물론 전체가 선할 수는 없다. 회개는 낡은 건물을 수리하는 것이 아니다. 낡은 건물을 부수고 새 건물을 세우는 것이다. 또한 회개는 헌 옷을 깁는 것처럼 거룩함을 한두 군데 붙이는 것이 아니다. 진정으로 회개한 사람에게는 거룩함이 그의 모든 재능과 생활 방식, 행동에까지 배어들게 마련이다. 진실한 그리스도인은 기초부터 맨 꼭대기에 얹힌 돌까지 완전히 새로운 건물과 같다. 그는 새로운 사람이요, 새로운 피조물이니, 모든 것이 새롭게 된 사람이다(고후 5:17). 회개는 심원한 사역, 곧 심령을 고치는 사역이다. 그것은 새로운 세계에 적합한 새로운 사람을 만드는 일이다. 또한 전인격, 곧 마음과 모든 지체, 생활에까지 영향을 미치는 사역이다.

마음

회개는 우리의 가치 판단 기준을 바꾸어 놓는다. 즉 육신적이고 세상적인 모든 이익보다 하나님과 그분의 영광이 더 중요하다는 사실을 알게 해 준다. 그것은 우리 마음의 눈을 뜨게 하고 타고난 어리석음의 비늘이 떨어지게 하여 사람들로 하여금 어두움에서 밝은 빛으로 나오게 해 준다. 과거에는 자신이 얼마나 위험한 상태에 처해 있는지 깨닫지 못했던 사람이라도 이제는 은혜의 능력으로 새롭게 되기 전까지 영원히 잃어버린 바 되리라는 사실을 알게 된다(행 2:37). 이전에는 죄를 대수롭게 생각지 않았던 사람도 자신이 죄인의 괴수임을 깨닫게 된다. 그는 죄가 얼마나 불합리하고, 불의하며, 결점투성이며, 더러운지 보게 된다. 뿐만 아니라 죄를 무서워하고, 싫어하고, 공포를 느끼며, 죄로부터 도망하고, 심지어 죄로 말미암아 자기 자신마저 혐오하게 된다(롬 7:15; 욥 42:6; 겔 36:31). 자기 속에 죄가 거의 없다고 생각하여 고백할 것이 없다고 하던 사람이 자신의 마음이 썩을 대로 썩어 있다는 사실과 자신의 전(全) 성품이 치명적으로 뿌리까지 타락해 있다는 사실을 발견하게 된다. 그래서 그는 "부정하다. 부정하다. 우슬초로 나를 씻기소서. 나를 깨끗이 씻어 주시고 내 속에 깨끗한 마음을 창조하소서."라고 울부짖게 된다. 그는 자기 자신이 더럽고 뿌리부터 가지까지 모두 썩었다는 사실을 발견하게 된다(시 14:3; 마 7:17-18). 자신의 모든 재능과 행동에 "부정하다"는 말을 써 붙이게 된다(사 64:6; 롬 7:18). 또한 이전에 보지 못했던 더럽고 구석진 곳을 발견하고, 불경한 말과 도적질과 살인하는 것과 간음하는 것이 자기 속에 있는데도 미처 몰랐다는 사실을 발견하게 된다. 그 전까지는 그리스도에게서 아름다운 모습이나 흠모할 만한 것을 하나도 발견하지 못했지만, 이제 그 안에 감추인 보화를 발견하고 자기 소유를 다 팔아 그 밭을 살 것이다. 그리스도야말로 그가 찾던 진주이기 때문이다.

이 새로운 빛에 의해 그는 새로운 마음과 새로운 판단력을 가진 사람이 되었다. 그에게는 하나님이 전부이며, 하늘과 땅에 주와 같으신 분이 없음을 알 뿐 아니라 진정으로 세상보다 주님을 더 사랑하게 된다.

그는 하나님의 은총을 자기 생명처럼 사랑하고, 하나님의 얼굴에 나타나는 영광의 빛을 모든 곡식과 새 포도주와 기름, 즉 그가 예전에 찾아 헤매고 사랑했던 것들보다 귀히 여기게 된다(시 4:6-7). 위선자라도 하나님이 최고의 선이시라는 사실에는 동의하지 않을 수 없으며, 실로 몇몇 이교도들까지도 최소한 이 사실에 대하여 두려움을 감출 수 없을 것이다. 다만 위선자들은 하나님을 자신에게 가장 필요하고 없어서는 안 될 분으로는 결코 생각지 않기에, 그분을 묵묵히 받아들이지 않는다.

회개하는 영혼의 말은 다음과 같다. "내 심령에 이르기를 여호와는 나의 기업이시니"(애 3:24). "하늘에서는 주 외에 누가 내게 있으리요. 땅에서는 주밖에 내가 사모할 이 없나이다. … 하나님은 내 마음의 반석이시요 영원한 분깃이시라"(시 73:25-26).

회개는 삐뚤어진 우리 의지를 바로잡아 준다. 그리하여 원래 목적과 방법대로 사용되게 해 준다. 즉 의지의 용도가 바뀐다. 회개한 사람에게는 새로운 목적과 계획이 생긴다. 무엇보다 하나님을 마음으로 원하게 되고, 이 세상에서 바라는 것이나 계획하는 것이 없어진다. 그의 삶 가운데 그리스도만 충만하기를 바란다. 그는 이 세상이 줄 수 있는 모든 것보다 이 일을 더 기뻐하여 그리스도를 섬기며 그분께만 영광을 돌린다. 그가 지향하는 목표는 그리스도가 이 세상에서 높이 들리는 것이다.

이 글을 읽으며 당신의 상태도 이와 같은지 자문자답해 보지 않겠는가? 잠깐 멈추고 자신을 반성해 보라.

회개한 사람은 취사선택도 달라진다. 하나님을 축복의 대상으로 정하고, 그리스도와 성결을 하나님께 나아가는 방편으로 삼는다. 그리고 주 예수님을 자기의 주인으로 택한다. 단순히 격렬한 감정이나 당위성 때문에 그리스도께 나오는 것이 아니라 자발적으로 나오게 된다.

그 결정은 공포 가운데 내려진 것이 아니다. 즉 양심이 질식하는 상태나 죽을 죄인이기 때문에 그리스도를 위해 최선을 다해 보자는 태도가 아니라, 스스로 그리스도를 가장 귀하게 생각하기 때문에 자신이 이 세상에서 즐길 모든 부귀영화보다 그리스도를 택하는 것이다(빌 1:23). 또한 성결한 길을 자원하여 택하는데, 의무감 때문이 아니라 그 길을 좋아하고 사랑하기 때문이다. "내가 주의 법도들을 택하였사오니"(시 119:173).

그는 하나님의 증거를 멍에로 받지 않고 기업으로 받되 영원한 기업으로 받으며, 짐으로 여기지 않고 축복으로 여기며, 구속으로 여기지 않고 감로주로 여긴다(요일 5:3; 시 119:14, 16, 47). 그리스도의 멍에를 인내할 뿐 아니라 실제로 걸머지기까지 한다. 성결을 죽지 못해 먹는 쓴 약처럼 받아들이지 않고 배고픈 사람이 좋아하는 음식을 먹듯 받아들인다. 그에게는 성결을 연마할 때보다 더 즐거운 시간이 없다. 이것은 곧 그의 영양분이며, 안목의 소원과 마음의 기쁨이다.

당신도 그러한지 양심에 호소해 보라. 만일 그렇다면 당신은 얼마나 행복한 사람인지 모른다! 바라건대 철저하고 공정하게 당신의 마음을 살펴보라.

회개는 왜곡된 애착심을 바로잡아 준다. 회개한 사람에게는 모든 것이 새로운 통로로 흐르게 된다. 요단강물이 거꾸로 흐른다. 그리스도가 그의 희망이 된다. 여기에 그의 상급이 있다. 그의 시선은 그리스도께 고정되어 있고, 그의 마음도 그곳에 머문다. 그는 자신의 진주를 간직하기 위해, 마치 풍랑을 만나 파선 직전에 있는 상인처럼 모든 것을 바닷속에 던져 버린다.

그의 최대의 열망은 황금이 아니라 은혜다. 그는 은혜에 굶주려 마치 은을 구하는 것같이, 감추인 보배를 찾는 것같이 은혜를 찾는다. 그는 위대해지기보다 은혜로워지길 원한다. 그는 세상에서 가장 유식하고, 유명하고, 번성하는 것보다 가장 성결한 사람이 되기를 원한다. 육신에 속했을 때 그는 "내가 사람에게 존경을 받고, 부귀영화를 누리며, 맘껏 향락하고, 모든 부채를 청산하고, 모든 것을 갖춘다면 행복할 텐데."라고 했다. 그러나 이제 그의 소원이 바뀌어 다음과 같이 이야기한다. "내 육신을 억제할 은혜가 있고 하나님과 교제할 수만 있다면 비록 가난하고 멸시를 받아도 행복할 텐데."

당신의 영혼도 이렇게 부르짖고 있는가? 회개한 사람은 기뻐하는 것도 바뀐다. 하나님의 증거를 모든 부귀영화보다 사랑하게 되며, 예전에는 흥미를 느끼지 못했던 주님의 율법을 즐기게 된다. 그에게는 그리스도를 생각하는 것과 주의 임재하심을 누리는 것, 주의 백성이 번영하는 것보다 더 큰 기쁨이 없다.

그의 관심도 완전히 뒤바뀐다. 이전에는 세상에 모든 관심을 두고, 자기 영혼을 위해서는 찌꺼기 같은 시간만 할애했다. 그러나 이제 그의 울부짖음은 "내가 어떻게 하여야 구원을 받으리이까"(행 16:30)이다. 그의 가장 큰 관심사는 '어떻게 영혼의 안전을 도모하는가'이다. 당신이 그가 더 이상 그 문제를 의심하지 않게 해 준다면 그는 당신에게 매우 고마워할 것이다.

그가 두려워하는 것은 고난이 아닌 범죄하는 것이다. 한때 그는 재산과 명예를 잃는 것보다 더 두려운 것이 없었고, 고통이나 빈곤, 불명예처럼 무서운 것이 없었다. 그러나 이제 하나님을 모독하고 불쾌하게 해 드리는 것에 비하면 그것들은 아무것도 아니다. 그는 혹시나 올무에 걸릴까 하여 조심스럽게 걷는다. 앞뒤를 살피고, 눈을 마음에 두며, 종종 어깨 너머로 돌아보며, 혹시라도 죄에게 붙잡히지 않을까 두려워한다. 하나님의 총애를 잃는 것은 그에게 가장 견딜 수 없는 일이며, 그것이야말로 그가 가장 두려워하는 것이다. 그에게는 그리스도로부터 멀어지는 것보다 더 큰 고통을 주는 것이 없다.

그의 사랑은 이제 새로운 길을 달리게 된다. 이그나티우스(Ignatius)는 "나의 사랑이 십자가에 못 박히셨다"고 말했는데 이것은 곧 그리스도를 말한다. 아가서 5장 16절에서 신부는 "이는 내 사랑하는 자요"라고 말한다. 아우구스티누스(Augustine)는 얼마나 자주 자신의 사랑을 그리스도께 쏟아 놓았는지 모른다. 그는 주님에 대한 사랑을 일일이 형언할 수 없었다. "내 눈의 빛이시여, 주님을 보기 원합니다. 오소서, 내 마음의 기쁨이시여, 내가 주님을 바라보기 원합니다. 내 마음의 즐거움이시여, 주님을 사랑하게 하옵소서. 내 영혼의 생명이시여, 제게 나타나소서. 나의 커다란 즐거움이시여, 나의 사랑스러운 위로시여, 나의 하나님이시여, 나의 생명이시여, 내 영혼의 모든 영광이시여, 내게 오소서. 내 마음의 소원이시여, 제가 주님을 발견하게 하옵소서. 내 영혼의 사랑이시여, 제가 주님을 붙들게 하옵소서. 오, 하늘의 신랑이시여, 제가 주님을 포옹케 하옵소서. 주님을 소유하기 원하나이다."

회개한 사람은 슬픔도 새로운 곳으로 쏠리게 된다(고후 7:9-10). 전에는 죄를 보거나 십자가에 못 박히신 그리스도를 보고도 아무 영향을 받지 않았지만, 이제는 그것이 얼마나 마음을 상하게 하는지 모른다. 죄에 대한 그의 증오심은 부글부글 끓어오르고, 진노도 불처럼 타오른다. 죄에 대한 그의 분노가 폭발하면 자제력을 잃고 자신을 바보, 혹은 짐승이라 부르며 그것조차도 과하다고 생각하게 된다(시 73:22; 잠 30:2). 한때 큰 쾌락 가운데 빠져 있었으나 그것을 마치 가장 더럽게 토해 낸 것을 핥는 것처럼 생각하여 그곳으로 다시 돌아가는 것을 진절머리 나게 싫어한다.

이제 당신의 마음과 이야기해 보라. 그리고 당신이 사랑하는 것이 그리스도를 통해 하나님을 향하는지 살펴보라. 위선자들 가운데서도 급작스럽고 강렬한 사랑을 찾아볼 수 있으며, 특히 열정적인 기질의 소유자일수록 그러한 일이 현저하다. 반대로 성결케 된 사람들 가운데서도 성품이 느리고 차분하며 둔한 경우 그러한 사랑이 외부로 뚜렷하게 나타나지 않을 때가 많다. 이것은 우리의 의지와 판단력이 어떤 좋은 것이나 실제적인 것, 혹은 눈에 보이는 것에 빼앗기지 않고 항상 하나님께 드려지고 있는가에 따라 결정되는 것이다. 우리가 우리의 의지를 하나님께 드리고 선택과 행동에 진정한 사랑이 따른다면, 비록 원하는 만큼 강하고 풍부하게 그리스도에 대한 사랑이 나타나지 않을지라도 그 변화는 구원에 이르게 하는 것임에 틀림이 없다.

지체들

과거에는 죄의 도구였던 지체들이 회개 이후에는 그리스도의 산 성전의 거룩한 기구가 된다. 이전에 자기 몸을 욕되게 하던 사람이 회개한 뒤에는 성결함과 정절과 절제와 순결과 온건으로 옷 입고 주님께 헌신하게 된다.

한때 방황하고, 방자하고, 교만하고, 탐식하던 눈이 마리아의 눈처럼 자기 죄를 회개하기 위해 눈물을 쏟고, 사역 안에서 하나님을 바라보며, 하나님의 말씀을 읽거나 긍휼을 베풀 곳을 찾으며, 하나님께 봉사할 기회를 찾는 데 사용된다.

한때 사탄이 부르는 소리를 듣는 데 사용되고, 더러운 이야기와 공허한 이야기를 즐기며 어리석은 자의 웃음에 기울였던 귀가 그리스도 집의 문을 뚫고 그분의 제자들을 향해 "여호와여, 말씀하옵소서. 주의 종이 듣겠나이다."라고 말한다. 주의 말씀을 단비같이 기다리게 되고, 말씀을 음식보다 더 즐기며(욥 23:12), 꿀과 송이꿀보다 더 맛있는 것으로 여기게 된다(시 19:10).

세상 계획으로 잔뜩 채워져 있던 머리가 다른 일들로 채워지고, 하나님의 뜻을 배우는 데 힘을 기울이며, 자신의 이익을 구하기보다 주어진 의무를 다하는 데 사용된다. 그의 머릿속을 지배하는 주된 생각과 관심은 '어떻게 하면 하나님을 기쁘시게 하고 죄를 멀리할 수 있는가'다.

추한 정욕의 소굴이던 그의 마음은 이제 향기의 제단이 되어 하나님의 사랑의 불길이 계속 타오르고, 매일 기도와 찬양의 제사가 드려지며, 거룩한 소원과 외침과 기도의 향내가 끊임없이 피어오른다.

그의 입은 생명샘이 되고, 혀는 값진 은처럼 되며, 입술은 많은 사람을 먹이게 된다. 그의 말은 항상 은혜 가운데 소금으로 맛을 내는 것 같고(골 4:6), 마음에 있는 지옥불에서 사르는 것이 나와(약 3:6) 온몸을 더럽히던 더러운 말과 아첨과 자랑과 욕과 거짓말과 맹세와 헐뜯음으로부터 깨끗해진다.

한때 열린 무덤이었던 목구멍은 기도와 거룩한 말의 향기로운 입김을 내고, 다른 방언, 곧 가나안 언어를 사용하며, 특히 하나님과 그리스도와 천국에 대해 말할 땐 더할 나위 없이 유창해진다. 그의 입은 지혜를 말하며, 그의 혀는 창조주를 찬양하는 은나팔로 그의 영광이 되며, 지체 중 가장 훌륭한 부분이 된다.

바로 여기서 위선자의 허점을 발견할 수 있다. 그는 천사처럼 말하지만 눈은 탐욕으로 가득하고, 손에는 불의의 재물이 있다. 그의 손은 깨끗하나 마음은 모든 더러운 것으로 가득하고(마 23:27), 탐욕스런 걱정이 쉴 새 없이 일어나는 정욕의 화덕과 자만의 공장이며 악의 본거지다. 그것은 느부갓네살의 신상과 같아서 머리는 정금, 즉 지식으로 꽉 차 있으나 진흙발을 가지고 있다. 세속적인 것을 사랑하며, 세상 것에 관심을 둔다. 그의 삶은 관능적이고 육신적이다. 그가 하는 일은 철저하지 못하다.

생활과 실천

새사람은 새 길을 걷는다(엡 2:2-3). 그의 대화는 천국에 대한 것으로 바뀐다(빌 3:20). 그는 그리스도께서 효력 있는 은혜로 부르시자마자 즉시 주님의 제자가 된다. 하나님께서 새 마음을 주시고, 하나님의 법을 그의 마음에 새겨 주신 시각부터 하나님의 율법을 따라 생활하며 하나님의 판단을 준수한다.

비록 그 안에 죄가 거할지라도(몹시 답답하고 달갑지 않은 손님이지만) 더 이상 그를 주관하지 못한다. 그는 거룩함에 이르는 열매를 맺으며, 많은 잘못을 저지르기는 해도 예수님의 법도와 삶을 본보기로 바라보며, 하나님의 모든 계명을 진심으로 존중하게 된다. 그는 아주 조그만 죄나 보잘것없는 일도 경솔하게 넘겨 버리지 않는다. 아무리 노력해도 자기 힘으로는 어쩔 수 없는 약점들이 곧 영혼의 무거운 짐이 되며, 그것이 마치 눈에 들어간 먼지처럼 사소한 문제라도 적지 않은 고통을 준다(당신도 이 글을 읽으며 스스로를 되돌아보기 바란다).

진정으로 회개한 사람은 교회에서는 이렇게 행동하고 집에서는 저렇게 행동하지 않는다. 기도할 때는 성인이 되었다가 가게에서는 사기꾼이 되지 않는다. 그는 박하와 회향의 십일조는 드리면서 율법의 더 중한 바 의(義)와 인(仁)을 버리지 않는다. 경건한 척하며 도의를 저버리지 않는다. 비록 모든 죄에서 돌이키고 마음으로 열망하며 애쓰는 것만큼 완벽하게 지키지 못하지만, 하나님의 모든 율법을 준수하되 어떤 법이라도 의식적으로 범하지 않도록 최선을 다하게 된다.

그는 말씀을 즐거워하며, 기도에 힘쓰며, 손을 펴서 자기 영혼을 가난한 자들에게 쏟아 주려 한다. 공의를 행함으로 죄를 속하고 가난한 자를 긍휼히 여김으로 죄악을 속한다(단 4:27). 모든 일에 정직하게 살려는 양심이 있으며(히 13:18), 하나님과 사람들에게 죄를 범하지 않으려는 마음을 갖게 된다.

여기서 우리는 다시 한 번 자신이 훌륭한 그리스도인이라고 자처하는 사람들에게서 건전하지 못한 사실을 발견할 수 있다. 그들은 율법을 행할 때 사람들 앞에서 치우치게 하고(말 2:9), 조잡하고 쉬운 종교적 의무는 이행하면서 사역은 좀처럼 감당하지 않는다.

그들은 마치 설익은 빵과 같다. 그들의 말은 틀림없고, 그들 자신은 빈틈없는 대인 관계를 가지고 있지만, 경건의 연습이 없을 뿐 아니라 자기 마음을 살피고 그 마음을 다스리는 일에 문외한이다.

그들은 어김없이 교회에 출석한다. 그러나 그들을 따라 가정에 가 보면 세상 염려에만 골몰한 모습을 발견할 것이다. 혹 그들이 가정의 의무는 잘 이행할지라도 골방으로 따라가 보면 그들의 영혼은 완전히 방치되어 있다.

그들은 경건한 체하면서도 혀를 재갈 먹이지 않아 모든 것이 헛되다(약 1:26). 혹 골방에 들어가 가정예배를 드릴지 모르지만, 그들을 따라 상점에 나가 보면 거짓말을 예사로 하고 세상이 하는 대로 속임수를 쓰고 있는 사실을 발견하게 될 것이다. 따라서 우리는 위선자에게 철저하게 순종할 것을 기대할 수 없다.

죄와 사탄과 세상과 자기 의

회개는 죄와 사탄과 세상과 자기 의에서 돌이키는 것이다.

회개는 죄에서 돌이키는 것이다.

회개한 사람은 죄와 영원히 원수가 된다. 이는 모든 죄를 가리키지만 무엇보다도 자기가 짓는 죄, 특히 자기 가슴속에 있는 죄를 원수처럼 여긴다. 죄는 이제 그의 분노의 대상이 된다. 그의 죄가 슬픔을 더 크게 하고, 그를 찔러서 상하게 한다.

그는 죄를 마치 옆구리를 찌르는 가시나 눈 속에 든 바늘처럼 여긴다. 그로 인해 탄식하며 괴로워하되 형식이 아닌 진정으로 "오호라, 나는 곤고한 사람이로다!"라고 울부짖는다. 그는 죄의 짐을 가장 참기 어렵고 무거운 짐으로 여기게 된다. 하나님께서 그에게 선택할 기회를 주신다면 죄에서 벗어나기 위해 어떠한 역경도 서슴지 않고 선택한다. 그는 죄를 자기 구두 속에 들어가서 걸을 때마다 아프게 하는 날카로운 돌조각처럼 여긴다.

회심 전에는 죄를 대수롭지 않게 여겼다. 그는 마치 어린 암양을 가슴에 품고 그것을 먹이고, 그와 함께 자라며, 같은 상에서 먹고 마시며, 자기 가슴에 눕히고 친딸처럼 여겼던 것(삼하 12:3 참조)같이 죄를 마음속에 품고 있었다. 그러나 하나님께서 그를 구원하심으로 그의 눈을 열어 주셨을 때, 그는 마치 어두워서 아무엇도 보이지 않아 두꺼비를 아름다운 새로 오인하고 가슴에 품고 있다가 그것을 알아보고 환멸을 느껴 내버리듯, 혐오에 차서 죄를 내버리게 된다.

한 사람이 회심하여 변하면 죄에 대한 위험성뿐 아니라 죄의 더러움까지도 깊이 깨닫게 되며, 이로 말미암아 정결케 되기를 원한다. 그는 자기 죄 때문에 스스로를 혐오한다. 그리스도께 달려가 자신과 자신의 부정을 위해 마련된 샘 속에 뛰어든다. 그가 죄를 범하면 그 죄를 다 씻어 내기 위해 얼마나 몸부림치겠는가! 그는 결국 말씀으로 달려가 그 무한한 샘에서 씻고 헹구어 모든 육적, 영적 더러움으로부터 깨끗해질 때까지 안식하지 못한다.

온전히 회심한 자들은 마음속으로부터 죄를 대적하기 마련이다. 그런 사람은 죄와 맞서 몸부림치며 싸운다. 자주 실패하지만 호흡이 붙어 있는 한 신조를 굽히지 않고 무기를 놓지 않는다. 그는 죄와 화해하지 않고 사정없이 공격한다. 다른 적들은 용서할 수 있고, 동정하고, 위하여 기도도 할 수 있지만 죄에 대해서는 매우 엄격하여 추호도 용납하지 않는다. 그는 마치 귀한 생명을 위하듯 죄를 몰아낸다. 그것이 비록 그의 오른손과 오른쪽 눈이라 할지라도 눈을 동정하지 않고, 손을 아끼지 않을 것이다. 그것이 자기에게 이익을 초래하고, 가장 큰 향락을 주며, 세상 친구로부터 큰 칭찬을 듣게 하는 것일지라도 그 이익을 시궁

창에 내던질 것이고, 자기의 신용이 폭락하며, 쾌락의 꽃이 그의 손에서 시들망정 죄악의 길로는 가지 않는다. 그는 방종을 용납하지 않으며 묵인하지도 않을 것이다. 죄를 만날 때마다 뒤로 물러서서 "또 만났구나, 내 원수야!"라고 달갑지 않은 태도로 응수할 것이다.

이 글을 읽으며 양심의 가책이 느껴지는가? 이런 것들을 마음속에서 생각해 보았는가? 당신의 심중을 살펴보고 이런 내용이 사실이라는 점을 발견했는가? 그러지 않았다면 다시 한 번 읽으며 이것이 과연 사실인지 양심에 호소해 보라.

당신은 모든 정욕과 함께 육신을 십자가에 못 박았는가? 단순히 자백하는 데서 끝나지 않고 당신의 죄를 버리되 끝없는 정욕의 모든 죄와 알면서 짓는 모든 죄까지 버렸는가? 버리지 않았다면 아직 회개하지 않은 것이다. 이 글을 읽는 지금 양심이 당신의 얼굴을 때리며 당신이 이익을 위해 거짓말하며 살고 있다고 말해 주지 않는가? 당신의 직업에 허위가 있지는 않은가? 당신의 삶에 은밀한 방탕이 있음을 말해 주지 않는가? 왜 당신은 <u>스스로를 기만하는가?</u>

"내가 보니 너는 악독이 가득하고 불의에 매인 바 되었도다." 굴레 씌우지 않은 혀와 탐식, 악한 친구들과 기도하지 않는 것, 말씀을 읽고 듣는 것을 경홀히 하는 태도가 당신을 쳐서 증거하되 "우리는 당신의 결실입니다. 우리가 당신을 쫓아다니겠습니다."라고 말하는 것이 들리지 않는가? 혹 내가 정곡을 찌르지는 못했다 해도 당신 안에 있는 탐지기가 당신에게 이러이러한 죄악이 있으며, 당신이 어떤 육신적 이유 때문에 그것을 허용한다고 말해 주고 있지 않은가?

그렇다면 당신은 아직 회개하지 않은 것이며, 변화를 받거나 영원한 형벌을 받아야 할 것이다.

회개는 사탄에게서 돌이키는 것이다

회개는 강한 자를 결박하고, 무기를 빼앗고, 세간을 집어 던지고, 사람들을 사탄의 세력에서 돌이켜 하나님께 향하게 한다.

예전에는 마귀가 손가락만 까딱이면 죄인이 악한 친구들과 어울리고, 죄악된 놀이를 하고, 더러운 쾌락에 빠져 마치 "소가 도수장으로 가는 것 같고 미련한 자가 벌을 받으려고 쇠사슬에 매이러 가는 것과 같도다. … 새가 빨리 그물로 들어가되 그의 생명을 잃어버릴 줄을 알지 못함과 같으니라"(잠 7:22-23)라는 말씀과 같았다.

사탄이 그에게 거짓말을 하라고 명하자마자 혀에 거짓말을 담았다. 사탄이 음탕한 것을 들이대자마자 정욕에 빠졌다. 마귀가 "이따위 집안일일랑 집어치워!"라고 말하면 그 일은 가정에서 방치된 채 내버려지기 일쑤였다. 마귀가 "무엇을 그렇게 엄격하고 정확하게 하는 거야?"라고 한마디 하면 그 일에서 멀어졌다. "이렇게 드러내지 않는 일은 아무 소용이 없어."라고 하면 그 일을 하지 않고 하루를 보냈다.

그러나 회개한 후부터 그는 다른 주인을 섬기게 되고 전혀 다른 과정을 밟게 된다. 이는 곧 그리스도의 분부에 따라 오가는 것이다. 사탄은 간혹 그의 발을 함정에 빠뜨려 올무에 걸리게 하지만 더 이상 올무에 걸려들지 않는다. 그는 사탄의 올무와 미끼를 경계하고, 사탄의 꾀가 어떤 것인지 미리 조사하며, 사탄의 음모를 적발하려 노력하여 혹시 자기 앞에 무언가 가로놓이게 되면 사탄의 모략에 빠진 것이 아닌가 하여 극히 조심하게 된다. 또한 그는 정사와 권세와 씨름하며, 사탄의 사자들을 마치 사망의 사자들처럼 대하게 된다. 자기 눈을 원수에게서 잠시도 떼지 않고 행동을 주시하여 원수에게 조금의 유익도 주지 않는다.

회개는 세상에서 돌이키는 것이다

누구든지 참된 신앙을 갖기 전에는 세상에 정복당하기 마련이다. 그는 돈에 머리를 숙이거나, 자신의 명성을 우상화하거나, 하나님을 사랑하는 것보다 쾌락을 더 사랑하게 된다. 이것이 곧 인간의 타락에서 기인한 인류의 불행이다. 회개하지 않은 사람은 피조물에 치우쳐서, 응당 하나님께 돌려야 할 사랑을 피조물에게 돌려 버린다.

죄는 비참한 우리 인간을 기형적 괴물로 만들어 버렸다! 하나님은 당신을 "천사보다 조금 못하게" 만드셨지만, 죄는 당신을 발이 있어야 할 곳에 머리와 심장이 붙어 있고, 천국을 향해 발길질하며, 모든 것이 엉망진창으로 되어 있는 괴물인 마귀보다 조금도 나을 것 없이 만들어 버렸다. 당신을 섬기도록 지어진 세상이 당신을 다스리게 되었고, 속임수 가득한 음녀는 요염한 자태로 당신을 매혹시켜 그에게 절하고 수종들게 만들어 버렸다.

그러나 회개케 하는 은혜는 모든 것을 다시 정돈시켜 하나님을 보좌에 앉히고 세상은 그분의 발등상이 되게 한다. 즉 그리스도를 마음에 모시게 하고 세상이 그분의 발아래 엎드리게 한다. "세상이 나를 대하여 십자가에 못 박히고 내가 또한 세상을 대하여 그러하니라"(갈 6:14). 이러한 변화가 있기 전에는 그가 요구하는 모든 것이 "나에게 (세상) 향락을 줄 자가 누구냐?"에 지나지 않았지만, 이제는 다음과 같이 기도한다. "여호와여 주의 얼굴을 들어 우리에게 비추소서. 주께서 내 마음에 두신 기쁨은 그들의 곡식과 새 포도주가 풍성할 때보다 더하니이다"(시 4:6-7).

회개하기 전에는 그의 마음의 즐거움과 만족이 이 세상에 있었다. 그래서 그의 노래는 "영혼아, 여러 해 쓸 물건을 많이 쌓아 두었으니 평안히 쉬고 먹고 마시고 즐거워하자."였다. 하지만 이제는 그 모든 것이 시들어 없어지고, 흠모할 만큼 아름다운 것도 없으므로 이스라엘의 시편 기자와 함께 다음과 같이 노래한다. "여호와는 나의 산업과 나의 잔의 소득이시니 나의 분깃을 지키시나이다. 내게 줄로 재어 준 구역은 아름다운 곳에 있음이여 나의 기업이 실로 아름답도다"(시 16:5-6).

이제 하나님 외에는 어떤 것도 그를 만족시키지 못한다. 그는 세상의 모든 영화가 헛되며 괴로움을 더할 뿐이라 말하고, 인간의 모든 장점을 손해와 배설물로 여기게 된다. 또한 그는 생명과 불멸을 추구하며, 은혜와 영광을 찾아 갈급해하며, 썩지 않는 면류관을 바라본다. 그의 마음은 주님을 찾을 뿐이다. 그는 먼저 주님의 나라와 주님의 의를 구하며, 신앙은 그에게 우연히 주어진 것이 아니라 가장 중요한 것이 되어 버린다.

이전에는 세상이 그를 지배했다. 그는 경건보다 육체의 이익을 더 소중히 생각했으며, 자기를 창조하신 하나님보다 친구나 육신의 만족을 더 중요시했다. 그래서 하나님을 기다리시게 하고 세상을 먼저 섬겼다.

그러나 이제 그 모든 것을 옆으로 제쳐 놓았다. 아비나 어미나 생명이나 그 밖의 무엇이든 그리스도보다 덜 귀한 것으로 여기게 되었다.

여기서 잠시 멈추고 우리 속을 들여다보자. 이것이 당신과 아무 상관이 없는가? 당신은 그리스도를 믿는 체하면서 세상의 지배를 받고 있지 않은가? 사실상 하나님 안에서보다 세상에서 더 큰 기쁨과 만족을 얻고 있지 않은가? 마음은 세상으로 꽉 차 있고, 육신은 쾌락 가운데 있는 것을 골방에 들어가 기도하고 묵상하는 것이나 하나님 말씀을 읽으며 예배드리는 것보다 더 자연스럽게 생각하고 있지 않은가? 이 세상 것을 얻는 데 궁극적인 목표와 사랑과 가치를 부여하는 것이야말로 그 영혼이 회개하지 않았음을 가장 잘 나타내는 증거다.

참으로 회개한 자들 속에는 그리스도께서 왕좌를 차지하신다. 주님의 이름은 그에게 가장 귀하다! 주님의 사랑을 받는 것보다 귀한 것은 없다. 예수님의 이름은 그런 자들의 심령 속에 새겨져 있다. 그리스도께서 우리 안에 계시되어 우리가 구원을 받으면 명예는 바람과 같고, 웃음은 미친 것이요, 재물은 마치 두 손과 머리가 끊겨 문지방에 얹혀 있고 몸통만 법궤 앞에 쓰러져 있던 다곤 신상처럼 가치를 잃게 된다(삼상 5:4).

여기에 참으로 회개한 자들에게 주어진 값진 진주가 있다. 여기에 보물이 있다. 여기에 소망이 있다. 그의 영광은 "나의 사랑하는 자는 내게 속하였고 나는 그에게 속하였구나."이다. "왕국이 내게 속하였구나. 인도 제국(諸國)이 내게 속하였구나."라고 말하는 것보다 "그리스도가 내게 속하였구나."라고 말하는 것이 그에게는 더 즐거운 일이다.

회개는 자기 의에서 돌이키는 것이다

회심하기 전에는 사람들이 무화과나무 잎사귀를 엮어 자신을 가리고, 자기 행위로 온전케 되려고 노력한다. 그는 자기 의를 내세우고, 자신을 믿으며, 자신의 가치를 금처럼 여기고 하나님의 의에 순복하지 않는다. 그러나 회개가 그의 마음을 바꾸어 놓는다. 회개한 사람은 자기 의를 더러운 걸레 조각으로 여기게 된다. 그는 더러운 이가 득실거리는 거지의 누더기 옷을 벗어 버리듯이 자기 의를 벗어 버린다. 심령이 가난해져서 자신을 비판하고 정죄하며 마침내 자신은 "가련한 것과 가난한 것과 눈먼 것과 벌거벗은 것"뿐이라는 결론을 얻게 된다.

그는 자신의 거룩함 속에서 죄악의 세계를 발견하고, 한때 우상시하던 자기 의를 오물과 배설물로 여기며 그 안에서 발견되는 것을 몸서리치도록 싫어한다. 이제 그는 그리스도의 의를 높이 평가하기 시작하여 자기가 의롭다 하심을 얻고 그 행실이 성결해지기 위해 범사에 그리스도가 필요하다는 사실을 인식한다. 그는 주님 없이 살 수 없다. 주님 없이는 기도도 못하고, 그리스도께서 동행하시지 않으면 하나님 앞에도 나오지 못한다.

오직 그리스도만을 의지하여 하나님의 집에서 경배한다. 주님과 동행하지 않으면 자신이 절망의 구렁텅이에 빠지게 된다고 여긴다. 그의 생명은 나무뿌리가 흙 속에 묻혀 안정을 얻고 자양분을 흡수하듯 그리스도 안에 숨겨져 있다.

전에는 그리스도에 관한 소식이 진부하고 무미건조하게 들렸다. 그러나 이제 그리스도는 그에게 너무도 사랑스러운 분이다!

아우구스티누스는 그가 한때 좋아했던 키케로의 글을 더 이상 좋아할 수 없었다. 그의 글에서 그리스도를 찾아볼 수 없었기 때문이다. 그는 그리스도에 대해 이야기하거나 직접 그리스도께 말씀드릴 때 "가장 사랑이 많으시며, 가장 아름다우시고, 가장 자애로우시고, 가장 귀하시고, 가장 사모할 만하며, 가장 사랑스러우시며, 가장 훌륭하신 분이여!"(『명상록』 중)라고 온 정력을 기울여 이야기했다. 한마디로 회심한 사람은 순교자처럼 "오직 그리스도"라고 말하기 마련이다.

성부, 성자, 성령을 향하여

회개는 성부, 성자, 성령을 향하여 자신을 돌이키는 것이다. 회개한 사람은 삼위일체 하나님을 자신의 모든 만족과 영원한 축복으로 간주한다. 사람은 모든 사물보다 하나님을 진정으로 사모하며 그분을 자기 분깃이요 지고(至高)의 선으로 인정하기 전까지 결코 참된 성화를 체험할 수 없다. 믿는 자에게는 다음과 같은 말이 자연스럽게 나오기 마련이다.

"여호와는 나의 분깃이시니"(시 119:57).
"내 영혼이 여호와를 자랑하리니"(시 34:2).
"나의 영혼이 잠잠히 하나님만 바람이여. 나의 구원이 그에게서 나오는도다. 오직 그만이 나의 반석이시요 나의 구원이시요 나의 요새이시니"(시 62:1-2).

당신은 참으로 회개했는가?

당신의 영혼과 당신 안에 있는 모든 것으로 유심히 살펴보라. 당신은 하나님을 당신의 행복으로 모셨는가? 당신의 소원은 어디 있는가? 가장 큰 만족의 근원은 무엇인가? 아브라함처럼 눈을 들어 사방을 두루 살펴보라. 이 세상에서 당신을 행복하게 해주는 것은 무엇인가? 하나님께서 솔로몬에게 주셨던 선택권을 당신에게 부여하시거나, 아하수에로가 에스더에게 "그대의 소청이 무엇이냐? 곧 허락하겠노라. 그대의 요구가 무엇이냐?"(에 7:2)라고 말한 것 같은 기회가 주어진다면 당신은 무엇을 구하겠는가? 쾌락의 동산으로 가서 거기 있는 모든 향기로운 꽃을 따는 것이 당신을 만족시킬 수 있겠는가?

금고에 들어가서 당신이 원하는 만큼 재물을 가져온다고 하자. 탑 꼭대기에 올라 명예의 트로피를 받는 유명한 사람이 되고, 명성이 높은 사람들처럼 된다고 하자. 그중 하나라도 당신을 만족시킬 수 있는 것이 있는가? 그것을 다 얻는다고 해서 만족스럽고 행복하다 말할 수 있는가? 그런 것들로 행복해질 수 있다면 당신은 육신적이며 아직도 회심하지 않은 것이 분명하다.

그렇지 않다면 좀 더 생각해 보라. 하나님의 존귀와 깊은 자비와 감추어진 능력과 무한한 그분의 부요 속으로 들어가 보라. 그것이 당신에게 가장 큰 기쁨을 주는가? 당신은 그곳에서 "여기 천막을 치자. 여기서 살다 죽으리라"고 말할 수 있는가? 그것을 잃어버리느니 차라리 세상을 전부 버릴 수 있는가? 그렇게 할 수 있다면 당신과 하나님 사이는 온전한 관계가 맺어진 것이며, 당신이야말로 참으로 행복한 사람이다. 사람으로 태어나 그보다 더 행복한 것은 없다.

하나님께서 당신을 행복하게 해 주시면 당신은 당연히 행복을 누리게 된다. 이는 주님을 당신의 하나님으로 모신 까닭이다. 당신은 그리스도께서 우리에게 말씀하시듯이 그리스도께 "주님의 아버지는 내 아버지시며, 주님의 하나님은 내 하나님이십니다."라고 말할 수 있는가? 여기에 전환점이 있다. 분명하게 회개하지 못한 사람은 하나님 안에서 결코 안식할 수 없다.

그러나 회개케 하는 은혜는 이 문제를 해결해 준다. 즉 우상을 섬기는 마음이 하나님을 섬기게 하여 인류의 타락으로 인한 치명적이고 비참한 상태로부터 헤어나게 한다. 그러한 영혼은 다음과 같이 말한다. "영생의 말씀이 계시니 우리가 누구에게 가리이까?" 그는 말씀을 중시하고 말씀으로 문제를 해결한다. 그에게는 이것이 곧 천국문이요, 하나님에 대한 관심 표명이다. 이런 사실을 발견할 때 그는 이렇게 말한다. "내 영혼아 네 평안함으로 돌아갈지어다. 여호와께서 너를 후대하심이로다"(시 116:7).

이제 그는 "주재여 이제는 말씀하신 대로 종을 평안히 놓아 주시는도다"(눅 2:29)라고 한 시므온의 노래를 부르며, 요셉의 문안과 소식을 듣고 연로한 마음이 소생한 야곱처럼 "족하도다"(창 45:28)라고 말할 수 있다.

하나님이 자신과 더불어 영원한 언약을 세우셨음을 깨닫는 순간 그에게는 이것이 모든 구원과 모든 소원이 된다(삼하 23:5).

당신도 그러한가? 당신도 이것을 체험했는가?

체험했다면 당신은 "주께 복을 받은 자"다. 하나님께서 당신 안에서 역사하신 것이다. 하나님께서 회개케 하는 은혜의 능력으로 당신의 마음을 붙드신 것이다. 그렇지 않다면 당신은 결코 회개할 수 없었을 것이다.

지금부터는 회개에 대하여 좀 더 상세히 생각해 보자.

회개는 하나님과 사람 사이의 유일한 중보자이신 그리스도께로 돌이키는 것이다(딤전 2:5)

주님은 우리를 하나님께 인도하신다(벧전 3:18). 주님은 아버지께로 가는 길이요(요 14:6), 우리가 탈출할 유일한 통로이며, 들어갈 수 있는 유일한 문이다(요 10:9).

회개란 한 영혼이 그리스도께 나아와, 그분을 유일한 생명의 수단이며, 유일한 길이며, 인간에게 주어진 유일한 이름으로 받아들이는 것을 의미한다. 회개한 죄인은 다른 어떤 사람에게서도 구원을 추구하지 않고 오직 그리스도께만 자신을 의탁한다. 그리고 이렇게 말한다. "멸망해도 주님 안에서 멸망하고, 죽어도 주님 안에서 죽겠습니다. 다만 주님의 긍휼의 눈길 앞에서 멸망하지 않게 해 주십시오. 주님을 떠나도록 버려두지 마시고, 주님을 좇는 일에서 돌아서게 하지 마옵소서. 주님께 제 몸을 의탁합니다. 주님이 저를 죽이신다 해도 저는 주님의 문전을 떠나지 않겠습니다."

불쌍한 영혼은 그리스도 앞으로 나아가 그분을 굳게 붙든다. 회개하기 전에는 그리스도를 가볍게 생각했고, 친구들과 재물을 그리스도보다 더 귀하게 여겼다. 그러나 이제 그리스도는 그의 일용할 양식이며, 심장의 고동 같고, 인생의 지팡이와도 같다. 그의 간절한 소원은 자신을 통해 그리스도께서 영광받으시는 것뿐이다. 그의 마음은 한때 사람들이 자기 신부에게 말했듯이 "너의 사랑하는 자가 남의 사랑하는 자보다 나은 것이 무엇인가"(아 5:9)라는 불평을 토했다. 이전에는 그리스도보다 자신이 사귀는 사람들에게서 더 큰 즐거움을 얻고, 저속한 오락이나 세상 즐거움이 더 좋았다. 종교를 공상으로 여기고, 무익한 꿈을 큰 자랑으로 여겼다. 그러나 이제 그가 사는 목적은 그리스도가 되었다. 이전에 귀하게 여기던 모든 것을 가볍게 여기고 그리스도를 아는 지식을 가장 고상한 것으로 여기게 되었다.

진실로 회개한 자는 그리스도의 모든 것을 받아들인다. 그는 그리스도께서 주시는 상급뿐 아니라 사역도 사랑하게 되며, 그리스도의 은혜와 더불어 그분이 지신 짐도 사랑하게 된다. 그는 곡식알을 밟아 떨 뿐 아니라 멍에까지도 멘다. 그리스도의 명령, 곧 그리스도의 십자가를 진다.

그러나 분명하게 회개하지 않은 자는 그리스도를 반쪽만 취한다. 그리스도께서 주시는 구원은 달게 받으면서 성결해지는 것은 꺼린다. 모든 특권은 취하고, 그리스도의 인격을 닮는 것은 거부한다. 그리스도께서 주시는 직책과 혜택을 가른다. 이는 근본적인 오류다.

자기 생명을 사랑하는 자는 이 점을 주의해야 한다. 이것은 우리가 거듭 경고를 받아 왔지만 가장 자주 범하는 과오다.

예수는 참으로 아름다운 이름이지만 주 예수님을 진정으로 사랑하는 사람은 드물다. 그들은 주님을 하나님이 주신 대로 "임금과 구주"(행 5:31)로 받아들이지 않는다. 하나님께서 붙여 놓으신 왕과 제사장의 직분을 갈라놓는다. 또한 하나님께서 원래 의도하신 대로 그리스도의 구원을 받아들이지 않는다. 자기 스스로 그것을 구분한다.

모든 사람이 고난으로부터 구원받기 원하지만 모두가 죄에서 구원받고 싶어 하는 것은 아니다. 그들은 생명을 얻으려 하면서 욕망은 그대로 갖고 있기 원한다. 실로 많은 사람이 여기서 또 구분한다.

그들은 자기의 죄가 조금 없어지기 원하지만 들릴라의 무릎을 떠나거나 헤로디아와 이혼하려고는 하지 않는다. 그들은 자신의 오른쪽 눈이나 오른손에게 모질게 하지 않는다. 여기서 우리는 매우 신중해야 한다. 우리 영혼의 운명이 이것에 따라 좌우되기 때문이다.

분명하게 회개한 자는 그리스도를 전적으로 받아들인다. 예외 없이, 제한 없이, 조건 없이 그분의 모든 의향과 의도를 받아들인다. 그는 어떤 조건에서든 그리스도를 모시기 원하며, 그리스도로 말미암은 구원뿐 아니라 그분의 다스림도 받기 원한다. 그는 바울과 같이 "주여, 제가 무엇을 하기 원하나이까?"라고 말할 것이다. 그리고 "주님, 어떤 조건이든 상관없습니다."라는 심정으로 백지 위에 주님이 원하시는 조건을 쓰시게 할 것이다.

회개는 그리스도의 길과 율법과 율례로 돌이키는 것이다

회개하기 전에는 영혼이 이러한 것을 적대시하고 엄격한 굴레와 여유 없는 생활을 참지 못하지만, 회개 후에는 이것을 사랑하여 영원한 규례와 지침으로 선택한다. 나는 분명하게 회개한 모든 사람의 마음을 통해 하나님께서 그리스도의 길과 율법에 관해 네 가지로 역사하시는 것을 보아 왔다.

당신이 자신의 영혼을 속이지 않는다면 다음과 같은 항목을 통해 당신의 상태를 파악할 수 있을 것이다.

첫 번째는 판단력이다. 회개한 사람은 그리스도의 길이 옳다고 판단하며, 그것이 가장 공정하고 합리적임을 시인하게 된다. 그런 사람의 마음은 하나님의 길을 사모하게 되고, 한때 그것을 비합리적이고 포용성이 없다고 배척하던 부패한 편견을 모두 버리게 된다. 이성적으로도 그것이 모두 거룩하며, 공명정대하고, 선하다고 인정하게 된다(롬 7:12).

다윗이 하나님의 율례의 탁월함을 얼마나 찬양했는가! 그는 하나님 법도의 독특한 능력과 놀랄 만한 효과에 대하여 온갖 말로 찬양했다(시 19:8-10).

이성적 판단에는 절대적 판단과 비교적 판단 두 가지가 있다. 절대적 판단이란 대체로 일반 사람들에게는 유익하지만 자신에게는 해당되지 않는다고 생각하거나 현재 자신이 처한 상황에는 적당하지 않다고 생각하는 것이다. 신령한 사람의 판단은 절대적인 면뿐 아니라 비교적인 면에서도 하나님의 길을 따르는 방향으로 내려진다. 그는 그것이 일반적인 의미에서 최선일 뿐 아니라 자기 자신에게도 가장 알맞은 것이라고 생각한다. 단지 신앙의 규례가 좋다는 생각에 그치지 않고 그것을 사모하며, 금이나 정금보다 더 사모한다.

그는 거룩하고 준엄해지는 것이 최선이며, 그것이 자신에게 가장 적절하고, 현명하고, 합리적이고, 좋은 것이라는 판단을 과감하게 내린다. 신령한 사람의 판단을 들어 보라. "여호와여 주는 의로우시고 주의 판단은 옳으니이다"(시 119:137). "그러므로 내가 주의 계명을 금 곧 순금보다 더 사랑하나이다. 그러므로 내가 범사에 모든 주의 법도들을 바르게 여기고 모든 거짓 행위를 미워하나이다"(시 119:127-128).

또한 그가 하나님이 요구하시는 것은 모두 찬성하고, 금하시는 것은 모두 배척한 것을 주의해 보라. "여호와여 주는 의로우시고 주의 판단은 옳으니이다. 주께서 명령하신 증거들은 의롭고 지극히 성실하니이다. … 주의 말씀의 강령은 진리이오니 주의 의로운 모든 규례들은 영원하리이다"(시 119:137-138, 160). 그가 얼마나 흔쾌하게, 온전히 시인하는가 보라. 하나님의 모든 율례를 완전히 용납하는 것을 볼 수 있다.

두 번째는 마음의 소원이다. 회개한 사람의 마음의 소원은 그리스도의 모든 마음을 아는 것이다. 그는 한 가지 죄라도 덮어둔 채 지나치기를 원치 않으며, 한 가지 의무도 도외시하기를 원치 않는다. 이것이야말로 성결한 마음에서 나오는 자연적 현상이다. "주여, 제 속에 어떤 악한 것이 있으면 알려 주소서. 제가 모르는 것을 가르쳐 주소서. 이후로는 그것을 다시 하지 않겠습니다." 진정으로 회개하지 않은 자는 고의로 이런 것을 덮어둔다. 빛 가운데 나오기를 원치 않는다. 의도적으로 이런저런 죄를 숨기고, 그것이 죄라는 것을 알고 싶어 하지 않는다. 그래서 창으로 빛이 들어오는 것을 거부한다.

하지만 은혜를 아는 사람의 마음은 창조자의 법의 범위와 한계를 알고자 한다. 그가 알지 못했거나 이전에 원치 않았던 의무를 깨우쳐 주거나 숨겨진 죄를 깨닫게 해 주는 말씀을 전적으로 용납한다.

세 번째는 의지다. 죄의 향락과 세상의 번영을 택하기 전에 우리의 의지는 자발적이고 단호한 태도로 그리스도의 길을 선택한다. 이런 동의는 극단적인 괴로움으로 마지못해 이루어지거나 갑작스럽게 내려진 결실에 불과한 것이 아니라 심사숙고하여 자발적으로 선택한 것이다. 분명한 사실은 육신은 이를 거부하지만 의지는 그리스도의 법과 통치에 순응하여 그것을 짐이나 고생스러운 것으로 여기지 않고 축복으로 생각한다는 것이다.

성화되지 않은 자들은 그리스도의 길을 쇠사슬과 족쇄에 얽매인 것처럼 여기지만 진정으로 회개한 사람들은 즐거운 마음으로 그리스도의 법을 자신의 자유로 여긴다.

그는 성결로부터 나오는 아름다움을 찬미하고 이를 뗄 수 없는 표로 삼는다. 그에게 선택권이 주어진다면 번영하고 흥성하는 세속적 삶보다 준엄하고 성결한 삶을 택할 것이다. "사울도 기브아 자기 집으로 갈 때에 마음이 하나님께 감동된 유력한 자들과 함께 갔느니라"(삼상 10:26).

하나님께서 택하신 자들의 마음을 감동시키시면 그들은 즉시 그리스도를 좇으며 인도함을 받으면서 자유롭게 주를 따르고, 온 마음을 다해 주님을 찾고, 자발적으로 주님의 사역에 헌신하게 된다. 두려움도 조금 작용한다. 그러나 그것이 성화된 사람의 근본 동기는 아니다. 그리스도께서는 자기를 좇는 자들을 무력으로 다스리시지 않고 자원하는 자들의 왕이 되신다. 즉 회개한 자들은 주님의 은혜로 자유롭게 사역에 종사한다.

또한 그들은 자기 재량에 따라 봉사하는 것이지 노예로 봉사하는 것이 아니다. 샘솟는 사랑과 충성스러운 마음을 가지고 약혼자나 아들의 신분으로 봉사한다. 한마디로 그리스도의 율법은 회개한 자들의 사랑이자 기쁨이며, 끊임없는 연구 대상이다.

네 번째는 열정이다. 회개한 사람의 열정은 하나님의 율례를 지키는 데 사용된다. 그의 일상적인 염려는 하나님과 동행하는 것이다. 비록 자기 힘으로는 할 수 없음을 알지만 종종 위대한 것을 구하며 고귀한 계획을 갖는다. 그는 완전을 추구하며, 그것을 사모하고, 그것을 향해 달려가며, 자기 안의 모든 죄가 다 없어지고 온전한 성결을 이룰 때까지 은혜를 구한다(빌 3:11-14).

바로 여기서 위선자의 부패성이 낱낱이 드러난다. 혹자가 말하듯 위선자가 거룩함을 사모하는 것은 단지 천국에 가는 다리로 이용하기 위한 것이다. 그래서 하늘나라에 데려다 주는 최저 기준을 찾기에 급급하고 그저 천국에만 갈 수 있으면 그만이다.

하지만 진정으로 회개한 사람은 천국에 가기 위한 방편이 아닌 거룩해지기 위해 거룩함을 사모한다. 그는 지옥으로부터 겨우 구원받는 것으로 만족하지 않고 최고의 기준을 사모한다. 물론 사모하는 것만으로는 충분하지 않다. 당신의 생활 방식과 방향은 어떠한가? 흔들리는 삶이 전환되었는가? 당신이 추구하는 것이 거룩함이고, 종교가 주요 관심사인가? 그렇지 않다면 당신은 참된 회개자의 기준에 미달한다.

지금까지 설명한 회개가 구원받는 데 절대적으로 필요한 것임을 알았는가? 그렇다면 생명으로 인도하는 문은 좁고 그 길이 협착하여 찾는 이가 적으며, 한 죄인을 그리스도 앞으로 회개시키려면 하나님의 능력이 필요하다는 사실을 알게 될 것이다.

다시 한 번 자신을 살펴보라. 양심이 무어라고 속삭이는가? 당신을 비난하기 시작했는가? 다닐 때 당신을 찌르는가? 당신의 판단과 선택, 그리고 당신이 가는 길이 지금까지 설명한 내용과 같은가? 같다면 다행이다.

혹 당신의 마음이 당신을 정죄하고, 당신의 양심을 속이며, 짓고 있는 죄에 대해서 말해 주지 않는가? 당신 안에 추구하고 싶어 하는 은밀한 죄가 있으며, 당신이 도외시하는 모종의 의무가 있다는 것을 말해 주지 않는가? 당신의 양심이 당신을 골방으로 데려가서 당신이 그곳에서 기도하고 성경을 읽은 적이 거의 없음을 말해 주지 않는가? 양심이 당신을 가족에게로 데리고 가서 하나님의 책망과 방치되어 있는 당신 자녀들의 영혼에 대해 말해 주지 않는가?

당신의 양심이 당신을 상점으로, 혹은 직장으로 인도하여 그곳에 있는 부정에 대해 말해 주지 않는가? 당신의 양심이 당신을 공중 석상이나 개인 사교장으로 데려가서 당신이 사귀어 온 부도덕한 사람이나 남용한 시간, 잘못 사용한 재능에 대해 책망하지 않는가? 당신을 은밀한 장소로 데리고 가서 그곳에 있는 범죄 사실을 말해 주지 않는가?

당신의 양심이 의무를 수행하게 하라! 하나님의 이름으로 양심에게 의무를 수행하라고 명하라. 죄인을 완전히 사로잡고 급습하여 붙들어 잘못을 깨우치게 하라. 양심이 여전히 죄 가운데 살고 있는 당신에게 아첨하고 당신을 위로하게 하지 말라.

깨어라, 양심이여! 잠을 자다니, 어찌 된 일인가? 네 입에 책망할 말이 하나도 없단 말인가? 영혼이 하나님과 영원을 경시하고 죽어 가는데 침묵을 지키겠단 말인가? 그가 계속 허물 가운데 사는데도 아무렇지 않단 말인가?

일어나라. 너의 일을 하라. 네 마음속에 있는 설교자가 말하게 하라. 크게 소리치고 아끼지 말라. 나팔처럼 소리를 높이라. 이 영혼의 피를 너의 손에서 찾지 않게 하라.

03
회개의 필요성

　　어쩌면 당신은 "도대체 그런 것이 나와 무슨 상관인가?"라고 하며 내가 왜 당신을 끈질기게 쫓아다니며 회개하라는 말을 거듭 반복하는지 의아할지 모르겠다. 그러나 나는 룻이 나오미에게 말했듯 "나에게 어머니를 떠나 어머니를 따르지 말고 돌아가라 강권하지 마옵소서."라고 말하려 한다. 이것이 하찮은 일이거나 당신이 구원을 받았다면 나는 당신을 내버려 둘 것이다. 하지만 당신이 멸망하게 되었는데도 상관하지 말란 말인가?

　당신이 회개하지 않는다면 주님께서 살아 계시는 한 당신의 얼굴을 천국에서 볼 희망이 없다. 당신이 철저하게 하나님의 거룩하심과 새 생명으로 돌이키지 않는다면 당신은 구원받을 가망이 전혀 없다. 하나님은 "사람이 거듭나지 아니하면 하나님 나라를 볼 수 없느니라"고 말씀하셨다. 그래서 당신의 영혼을 위해 심혈을 기울이는 것이다. 그것이 왜 이상한가? 당신이 거룩함을 좇으며 당신 안에서 하나님의 형상이 이뤄지기를 간절히 바라는 내가 어째서 이상하다는 것인가? 누구든지 이 길 말고는 천국에 들어간 적이 없고 앞으로도 들어갈 수 없다. 앞에서 설명한 회개는 성장한 그리스도인만이 도달할 수 있는 고도의 영적 달성을 의미하지 않는다. 그것은 구원받는 모든 영혼이 거쳐야 할 과정이다.

흉년이 들었을 때 어떤 로마 귀족이 곡물을 가지고 성으로 급히 가고자 했지만 선장이 좋지 않은 날씨 때문에 출항하기를 싫어하자 그는 "죽어도 좋으니 출항하자"고 말했다 한다.

당신이 필수적으로 여기는 것은 무엇인가? 빵인가? 호흡인가? 그렇다면 당신의 회개는 그와 비교도 안 될 만큼 필수적이다. 참으로 그것은 당신에게 가장 필요한 것이다.

당신의 재산은 꼭 필요한 것이 아니다. 당신은 값진 진주를 사기 위해 그것을 다 팔 수 있으며, 그러한 거래는 당신에게 큰 유익을 줄 것이다. 당신의 생명도 꼭 필요한 것은 아니다. 당신은 그리스도를 위해 생명을 버릴 수 있으며, 그 또한 당신에게 한없는 유익을 줄 것이다.

당신의 명예도 필수적이지 않다. 당신은 그리스도의 이름 때문에 치욕을 당할 수 있지만 그럼에도 행복할 것이다. 그리스도를 위한 치욕이라면 그 어떤 명예보다 더 행복할 것이다.

반면 당신의 회개는 필수적이다. 당신의 구원이 회개에 달려 있기 때문이다. 그토록 중요한 문제를 방치해 둘 수 있는가? 당신이 영원히 성공하느냐, 망하느냐가 바로 여기에 달렸다. 이와 같은 회개의 필요성에 대해 다섯 가지로 나누어 좀 더 상세히 설명하겠다.

회개가 없으면 당신은 헛된 존재다

당신이 무용지물이고, 이 땅의 무익한 짐이며, 우주에 붙은 미미한 혹이라면 얼마나 애석한 일인가? 당신이 회개하지 않는 동안은 그러하다. 이는 당신에게 삶의 목적이 없기 때문이다. 당신이 존재하고 창조된 목적은 하나님을 기쁘시게 하기 위함 아닌가? 하나님께서는 자신을 위하여 당신을 만드셨지 않은가?

당신이 사람이고 이성을 가졌다면 당신이 어떻게 존재하게 되었으며 왜 존재하고 있는지 생각해 보라. 당신의 육신을 통해 하나님의 정묘한 솜씨를 보라. 그리고 왜 하나님께서 그러한 신체 조직을 만드셨는지 자문자답해 보라. 하늘이 주신 당신의 고귀한 영혼의 기능을 생각해 보라. 무슨 목적으로 하나님께서 그토록 탁월한 것들을 준비해 놓으셨겠는가? 당신 자신을 만족케 하며 당신의 본능을 기쁘게 하라고 주어진 것인가?

하나님께서 사람을 세상에 보내신 것이 참새처럼 진흙과 지푸라기 몇 개를 주워 모아 둥우리를 짓고 새끼를 키우다가 죽게 하기 위한 것이겠는가? 하나님을 모르는 이교도들도 그보다 더 멀리 볼 줄 안다. 당신은 "신묘막측하게" 지음받았음에도 불구하고 자신에 대해 한 번도 생각해 보지 않는다. 우리가 지음받은 것은 분명 고귀하고 높은 뜻을 위해서이지 않은가?

잠시만 돌이켜 생각해 보라. 훌륭하게 지음받은 것이 헛되게 사용된다면 얼마나 안타까운 일인가? 만일 당신이 하나님을 위해 살지 않는다면 당신이라는 존재는 아무 가치도 없다. 하나님을 위해 살지 않는다면 차라리 존재하지 않는 것이 더 나을 것이다. 당신은 자신의 목적을 위해 살 것인가? 회개하고 회개해야 한다. 회개 없이는 당신에게 아무 목적도 있을 수 없다. 있다면 참으로 악한 목적만 있을 뿐이다.

당신에게는 목적이 없다. 회개하지 못한 사람은 현(絃)이 다 끊어졌거나 제 음을 내지 못하는 정묘한 현악기와 같다. 살아 계신 하나님의 성령이 그것을 수리하고, 중생의 은총으로 조율하여, 솟아나는 은혜의 능력으로 곱게 연주해 주셔야 한다. 그러지 않으면 당신의 기도는 되돌아오는 메아리 같고, 당신이 하는 온갖 봉사도 지극히 거룩하신 분께 노래가 되지 못할 것이다. 천성적인 당신의 모든 능력과 기능은 심히 부패했기에, 당신이 죽은 행실로부터 깨끗해지지 않으면 살아 계신 하나님을 섬길 수 없다. 즉 성화(聖化)되지 않은 사람은 하나님의 사역을 할 수 없다.

회개하지 않은 사람에게는 하나님의 일을 할 기능이 없다

회개하지 않은 자는 하나님의 의(義)가 무엇인지 모르는 것처럼 사역도 감당할 힘이 없다. 경건의 원리와 마찬가지로 경건의 실천에도 심오한 비밀이 있으며 거듭나지 못한 사람은 천국의 비밀을 알 수 없다.

하나님을 알지 못하는 사람이 봉사로 하나님을 기쁘시게 하는 것은 마치 글을 배우지 못한 사람이 책 읽기를 기대하는 것 같고, 난생 처음 현악기를 만져 보는 사람에게 아름다운 연주를 기대하는 것과 같다.

그는 먼저 하나님께 가르침을 받아야 하며(요 6:45), 기도하는 것(눅 11:1)과 유익을 배우고(사 48:17), 걷는 것을 배워야(호 11:3) 한다. 그러지 않으면 아무것도 할 수 없다.

회개하지 않은 사람에게는 아무 능력이 없다

회개하지 않은 자의 마음은 얼마나 약한지 모른다!(겔 16:30) 그는 곧 피곤해진다. 안식일을 몹시 지루하게 느낀다(말 1:13). 능력이 없다(롬 5:6). 그는 죄 가운데 죽어 있다(엡 2:5).

회개하지 않은 사람에게는 하나님의 일을 할 의욕이 없다

회개하지 않은 자는 주의 도리를 즐거이 알려고 하지 않는다(욥 21:14). 그는 그것을 알지 못할 뿐 아니라 알기를 원치도 않는다(시 82:5). 또한 깨닫지도 못한다.

회개하지 않은 사람에게는 하나님의 일을 할 자료나 도구가 없다

하나님의 사역의 자료와 도구인 성령의 은총 없이 훌륭한 사역을 한다는 것은 마치 연장 없이 대리석을 쪼는 것이요, 물감과 붓 없이 칠하는 것이요, 건축 자재 없이 집을 짓는 것과 같다.

하나님을 사랑하는 마음으로 하는 것이 아니라면 헌금도 하나님께 아무런 영광이 되지 않는다.

마음속에서 은혜를 깨닫지 못한 자의 기도가 생명 없는 시체와 무엇이 다르겠는가? 하나님께로부터 오는 슬픔과 진정한 회개의 경험이 없다면 우리의 모든 자백이 무슨 소용이겠는가? 우리의 간구가 하나님의 성품과 약속에 의지하는 거룩한 소욕과 믿음에서 우러나온 것이 아니라면 무슨 소용이겠는가? 우리의 찬양과 감사가 하나님을 사랑하는 마음, 심령 속에서 하나님의 긍휼하심을 느끼며 감사하는 마음으로부터 나온 것이 아니라면 무슨 소용이겠는가?

회개하지 못한 자들로부터 하나님이 기뻐하시고 거룩하게 여기시는 봉사를 찾는다는 것은 나무가 말하기를 기대하고, 시체가 움직이기를 기대하는 것과 다를 바 없다. 나무가 악한데 어떻게 그 열매가 선할 수 있겠는가?

회개하지 않은 사람들은 악한 목적을 위하여 산다. 회개하지 않은 심령은 가증한 새들이 모이는 곳이요(계 18:2), 더러운 것과 썩은 것이 가득 찬 무덤과 같고(마 23:27), 기어 다니는 벌레가 가득한 시체이며, 하나님의 코에 악취를 풍기는 것이다(시 14:3). 얼마나 처참한 광경인가! 그런데도 변화가 필요하다는 것을 모르겠는가?

성전의 그릇이 술잔으로 사용되고 우상을 섬기는 데 사용되는 것을 보고도 슬퍼하지 않을 사람이 있는가?(단 5:2-3) 안티오쿠스(Antiochus)가 돼지 그림을 성전 입구에 걸었을 때 유대인들이 얼마나 분개했는가? 성전이 마구간이나 돼지우리로 사용되고 지성소가 바알의 신당으로 쓰이는 것이 얼마나 가증스러운 일인가? 이것이 바로 회개하지 못한 사람의 처지다.

당신의 모든 지체는 불의의 병기, 곧 사탄의 종이 되고, 마음 깊숙한 곳은 부정한 그릇이 되었다. 그 속에서 나오는 것을 보면 당신 안에 어떤 손님이 들어 있는지 알 수 있다. 곧 "마음에서 나오는 것은 악한 생각과 살인과 간음과 음란과 도둑질과 거짓 증언과 비방이니"(마 15:19). 이와 같이 시커먼 무리를 보면 당신의 마음속이 어떤 지옥인지 추측할 수 있다.

하늘로부터 탄생한 영혼이 그와 같이 추악해지다니 참을 수 없는 일이다! 영광스러운 하나님의 피조물이며 하나님의 최고품인 이 세상의 주인이 탕자처럼 쥐엄열매를 먹다니 참을 수 없는 일이다.

진수를 먹던 자들이 거리에 외롭게 앉아 있으며, 시온의 보배로운 아들들, 곧 정금같이 비교되던 아들들이 흙으로 빚은 질항아리로 간주되고, 붉은 옷을 입던 자들이 거름더미를 안는 것을 보는 일은 얼마나 슬픈가!(애 4:2, 5) 그렇다면 이 세상에서 하나님의 인(印)이 찍힌 유일한 불멸의 존재가 경멸의 도구가 되어 가장 더러운 데 사용되는 것은 얼마나 더 두려운 일이겠는가? 그것은 도저히 참을 수 없는 모욕이다. 그렇게 더러운 일에 계속 쓰일 바에야 차라리 수천 조각으로 깨지는 것이 낫다.

회개가 없으면 모든 피조물도 헛되다

하나님은 인간을 위해 눈에 보이는 천하 만물을 만드셨고, 인간만이 모든 피조물의 대변인이 되게 하셨다. 인간은 세상에서 마치 몸의 혀 같은 역할을 한다. 다른 피조물은 조물주를 찬양하지 못하고 단지 무언의 표시나 암시를 통해 인간에게 대변해 달라고 할 뿐이다. 따라서 인간은 모든 종류의 피조물을 대신하여 하나님께 감사의 제사를 드리는 대제사장이다.

주 하나님은 창조하신 모든 것을 통해 찬양 받기 원하신다. 그래서 다른 모든 피조물은 사람에게 찬사를 바치고 사람은 하나님께 찬사를 드린다. 그러므로 사람들이 거짓되고 믿음이 없고 이기적이라면, 하나님은 모든 것을 빼앗기고, 창조하신 것들로부터 아무런 영광도 받지 못하시는 셈이 된다.

하나님께서 이 세상을 지으시고 무한한 능력과 지혜와 선하심을 나타내셨는데 그 모든 것이 헛되다니 생각만 해도 끔찍하다! 또한 사람이 끝내 범죄하여 모든 피조물이 하나님께 돌려야 할 영광을 가로채며 모든 것을 망치다니 이 얼마나 기막힌 일인가!

생각해 보라. 당신이 회개하지 않았을 때 모든 피조물이 당신에게 헛되이 사용되었다. 당신이 먹은 음식은 헛되이 영양소를 공급하였으며, 태양도 헛되이 당신에게 빛을 비추었으며, 옷은 당신을 헛되이 따뜻하게 했으며, 동물도 헛되이 당신을 태우고 다녔다.

한마디로 모든 피조물의 끊임없는 수고와 계속되는 고생은 당신에 관한 한 다 헛된 처사다. 당신을 위해 고된 일을 하는 모든 피조물의 봉사와 노력이 모두 헛되게 돌아가 버린다. 당신은 그것을 가지고 창조주를 섬기는 데 사용해야 했다. 그러나 본래의 목적과 달리 성화되지 않은 사람들이 그 모든 것을 반대로 사용한 까닭에 모든 "피조물이 다 이제까지 함께 탄식"(롬 8:22)하고 있다.

회개가 없으면 종교도 헛되다

인간의 온갖 행위가 쓸데없어지는 것은 그 행위 자체가 종교의 궁극적 목표인 하나님을 만족시키거나 영혼을 구원할 수 없기 때문이다(롬 8:8; 고전 13:2-3).

당신의 봉사가 아무리 그럴듯해도 하나님은 좋아하지 않으신다(사 1:14; 말 1:10). 제물을 드리는 것이 살인하는 것과 같고, 기도가 가증한 호흡과 같은 자는 그야말로 처참하기 이를 데 없다(사 66:3; 잠 28:9).

자신이 죄인이라는 것을 깨달은 많은 사람이 자기의 처지를 개선할 수 있다고 생각하면서 약간의 기도와 헌금으로 모든 것이 잘될 거라 믿는다. 그러나 헛된 일이다. 심령이 성화되지 않는 한 행위는 결코 용납되지 못한다.

예후가 얼마나 형식을 잘 갖추었는가! 그러나 그의 심령이 올바르지 못한 까닭에 배척당했다(왕하 10장; 호 1:4). 바울도 아무 흠이 없다고 했지만 회개하지 않았을 때 그의 모든 것은 해로운 것이었다(빌 3:6-7).

사람들은 하나님께 봉사하는 것을 큰 자랑으로 여기며, 심지어 하나님을 자신의 채무자로 전락시키기까지 한다. 그러나 사람이 성화되지 못하면 그의 행위는 용납되지 않는다.

죄가 당신을 좇는다면 당신이 드리는 하찮은 기도나 잘못됨을 고치는 것이 당신과 하나님 사이를 평온케 하리라고 생각지 말라! 당신은 심령으로부터 시작해야 한다. 당신의 마음이 새로워지지 않는다면 당신의 감정을 말할 수 없이 상하게 한 사람이 가장 더러운 물건으로 당신과 화해하려는 것 같고, 진창 속에 빠진 채로 당신과 화해하겠다고 포옹하려는 처사와 같다.

불 가운데서 일하는 것만큼 참혹한 일은 없다. 시인들은 큰 돌을 언덕 위로 끌어 올렸다가 또다시 굴러 내리는 노고를 반복해야 하는 시시포스(Sisyphos)의 지옥보다 더 무서운 지옥을 창조할 수 없었다.

하나님은 이 세상에서의 심판으로 그들이 집을 세워도 거하지 못하고, 곡식을 심어도 거두지 못하며, 그들이 수고한 것을 외인들이 삼킬 것이라고 경고하셨다(신 28:30, 38-41).

우리의 모든 수고가 수포로 돌아간다면, 즉 파종해도 수확이 없고, 집을 지어도 그곳에 거할 수 없다면 얼마나 비참한 일인가? 그러나 이보다 더 큰 비극은 우리가 기도하고 말씀을 들으며 금식한 것이 모두 헛된 곳으로 돌아간다는 것이다.

이것은 허망한 일이며 영원한 손실이다. 속지 말라. 당신이 계속 범죄한 상태에 머물러 있으면 손을 펼지라도 하나님께서 눈을 가리실 것이며, 많이 기도할지라도 듣지 않으실 것이다(사 1:15). 기술도 없는 사람이 일을 맡아서 중간에 망쳐 놓으면 그가 아무리 애를 썼다 해도 별로 감사하지 않을 것이다.

하나님께 드리는 예배도 질서대로 해야 한다. 하인이 주인이 명령한 것과 반대로 일을 한다면 칭찬은커녕 매를 맞게 될 것이다. 하나님의 일도 하나님의 마음에 맞도록 이행되어야 한다. 그러지 않으면 하나님께서 기뻐하실 리 없다. 거룩한 심령으로 하지 않으면 하나님을 기쁘시게 해 드릴 수 없다.

회개가 없으면 소망도 헛되다

참된 회개가 없으면 당신의 모든 소망도 헛되다.

"저속한 자의 희망은 무너지리니"(욥 8:13).
"네가 의지하는 자들을 나 여호와가 버렸으므로"(렘 2:37).

회개가 없으면 위로의 소망이 헛되다

당신의 안전뿐 아니라 위로를 위해서도 회개해야 한다. 이것 없이는 평안을 누릴 수 없다(사 59:8). 하나님을 경외하는 마음 없이는 성령의 위로를 누릴 수 없다(행 9:31). 하나님은 오직 자기 백성과 성도들에게만 평안을 말씀하셨다(시 85:8).

당신이 계속 죄 가운데 살면서 거짓된 평안을 누리고 있다면 이는 하나님이 주신 것이 아니므로 어디서부터 온 것인지 짐작할 수 있을 것이다.

죄는 사실상 병이다(사 1:5). 그것도 가장 무서운 병이다. 그것은 머리에 생긴 한센병이며(레 13:44), 마음에 있는 재앙이고(왕상 8:38), 꺾인 뼈(시 51:8)일 뿐 아니라 찌르고 상해하며 괴롭히고 고통을 주는 것이다(딤전 6:10).

사람이 죄 가운데서 평안을 기대하는 것은 마치 병세가 가장 악화되었을 때나 뼈가 골절되었을 때 안식을 누리려는 것과 마찬가지다. 이런 경우에는 질병으로부터 오는 무서운 독소밖에 기대할 것이 없다.

괜찮다고 이야기하는 무모하고 불쌍한 병자의 얼굴에 사망의 그림자가 서려 있고, 한 걸음 더 내딛으면 무덤 속에 떨어질 가능성이 많은 사람도 여전히 자기 사업에 몰두해 있는 것을 볼 수 있다.

성화되지 않은 사람은 아무 이상도 발견하지 못하고 자기가 건강하다고 생각한 나머지 의사를 찾지 않는다. 이는 실로 그의 상태가 얼마나 악화되어 있는가를 보여 줄 뿐이다.

죄는 영혼 속에 병과 혼란을 야기한다. 불만에 가득 찬 심령 속에서 얼마나 많은 격동이 일어나는가! 지나친 염려가 얼마나 사람을 좀먹는가!

열정은 마음의 열병이다. 욕정은 뼈 속의 불이다. 교만은 치명적 수종(水腫)이다. 탐심은 만족할 줄 모르고 채워질 줄 모르는 갈증이다. 악이나 시기심은 마음속의 독이다. 영적 태만은 마음속의 괴혈병이며, 육신의 안이함은 영적 혼수상태다.

이같이 많은 병에 걸려 있는 영혼이 어떻게 참된 안식을 얻겠는가?

그러나 회개케 하는 은혜는 이 모든 것을 치료하며, 마음에 안식을 주고, 영혼이 안정되고 굳세게 하며, 불멸하는 평안을 가져다준다. "주의 법을 사랑하는 자에게는 큰 평안이 있으니 그들에게 장애물이 없으리이다"(시 119:165).

이는 지혜의 길로 즐거움과 평안을 준다(잠 3:17). 다윗은 그의 궁정에서보다 하나님의 말씀에서 무한한 즐거움을 누렸다(시 119:103, 127). 양심도 온전하게 깨끗해지기 전에는 참된 평안을 누릴 수 없다(히 10:22). 죄의 길에서도 유지되는 평안은 저주를 받을 것이다(신 29:19-20). 특히 두 종류의 평안은 세상의 모든 괴로움보다 더 두려워해야 한다. 이는 곧 죄와 화친하는 것(peace with sin)과 죄 가운데서 누리는 평안(peace in sin)이다.

회개가 없으면 구원의 소망이 헛되다

회개 없는 소망은 하나님께 가장 모욕적이며 당신에게 치명적이다. 그런 소망에는 사망과 절망과 모독이 있다.

무엇보다 그 속에는 사망이 있다. 당신의 신뢰감은 장막에서 뿌리 뽑혀 나올 것이다. 하나님께서 뿌리와 가지를 뽑아 올리시고 공포의 왕에게로 당신을 잡아가실 것이다(욥 18:14). 당신이 그 집을 의지할지라도 집이 서지 못하고, 황폐한 건물처럼 사람이 그것을 굳게 잡아도 보존되지 못할 것이다(욥 8:15).

또한 그 속에는 절망이 있다. "하나님이 그의 영혼을 거두실 때에는 무슨 희망이 있으랴"(욥 27:8). 이로써 그의 소망은 끝난다. 의로운 자의 소망도 끝이 있지만 그것은 파멸이 아니라 완전이다. 의로운 자의 소망은 결실로 끝나고 회개 없는 자의 소망은 좌절로 끝난다.

경건한 자는 죽을 때 "다 이루었다"고 말하지만 악인은 "멸망이로다." 할 것이다. 욥과 같이 슬프게 울부짖을 것이다. 욥은 다음과 같이 부르짖었다. "사면으로 나를 헐으시니 나는 죽었구나. 내 희망을 나무 뽑듯 뽑으시고"(욥 19:10).

"의인은 그의 죽음에도 소망이 있느니라"(잠 14:32). 자연히 죽어 가는 때에도 의인의 소망은 살아 있을 수 있고, 여전히 산 소망이 되지만, 회개 없는 이의 소망은 죽어 가는 소망, 곧 저주받고 영혼이 멸망하는 소망이다. "악인은 죽을 때에 그 소망이 끊어지나니 불의의 소망이 없어지느니라"(잠 11:7). 그가 믿는 것이 끊어지며 의지하는 것이 거미줄 같음이 증명된다(욥 8:14). 그 후에 사망이 와서 모든 것을 멸해 버리면 그가 의지했던 자기 신뢰감도 영원히 없어지고 말 것이다.

"악한 자들은 눈이 어두워서 도망할 곳을 찾지 못하리니 그들의 희망은 숨을 거두는 것이니라"(욥 11:20). 악한 자들은 육신의 소망에 집착하여 거기서 빠져 나오지 못한다. 그들은 그것을 꽉 붙들고 놓지 않으려 하지만 죽음은 결국 그들의 손가락을 쳐서 잡은 것을 놓치게 할 것이다. 즉 우리는 그들을 깨우치지 못하지만 사망과 심판이 그들을 깨우칠 것이다.

사망의 화살이 당신의 간을 관통하면 당신의 영혼과 소망은 함께 무너져 버린다. 성화되지 않은 사람은 이 세상에만 소망을 둔다. 그래서 모든 사람 중에 가장 불쌍한 자다. 그들은 사망이 찾아오면 끝없는 절망의 심연으로 떨어지고 만다.

그래서 회개 없는 소망에는 참람함이 있다. 회개하지 않고도 구원을 받을 거라는 소망은 하나님을 거짓말쟁이로 만들려는 소망과 같다. 하나님께서 아무리 자비로우시고 사랑이 많으시다 해도 우리가 계속 무지하고 불의한 길로 간다면 절대로 구원하지 않을 것이라고 말씀하시지 않았는가?

한마디로 우리가 어떤 상태에 있든, 또 어떤 일을 하든, 새로운 피조물이 되지 않으면 구원받을 수 없다. 하나님은 자비로우시므로 회개하지 않아도 구원해 주실 것이라는 소망은 사실상 하나님께서 일구이언하시기를 바라는 것이다. 하나님의 속성을 모순되게 하면 안 된다. 하나님은 자비를 드러내려 하셨지만 그것 때문에 진리를 희생시키는 분은 아니다. 회개하지 않고 구원을 기대하는 외람된 죄인은 이러한 사실을 알고 슬퍼해야 한다.

그럼에도 불구하고 자신이 예수 그리스도 안에서 소망을 갖고 있으며, 하나님을 전적으로 신뢰하기에 틀림없이 구원받을 것이라고 주장할 수 있다. 하지만 그것은 그리스도 안의 소망이 아니라 그리스도를 대적하여 갖는 소망이다. 거듭나지 않고 하나님의 나라를 보려는 것이나 넓은 길로 하나님 나라를 발견하려는 것은 그리스도가 거짓 선지자로 판명되기를 바라는 소망과 같은 것이다.

다윗의 소원은 "나는 주의 말씀을 바라나이다"(시 119:81)였다. 그러므로 앞에서 말한 소망은 하나님의 말씀에 역행한다. 당신이 그리스도의 사역에 무지하며 그것을 불경하게 무시하는데도 하나님께서 당신을 구원해 주실 거라고 소망한다면 그러한 그리스도의 말씀을 보이라. 그러면 당신이 갖는 믿음에 대해 더 이상 왈가왈부하지 않겠다.

하나님은 그런 소망을 몹시 싫어하셔서 결국 토해 버리신다. 선지자의 심판을 받고도 여전히 죄짓는 자들에게 선지자는 "오히려 여호와를 의뢰하는구나."라고 꾸짖었다(미 3:11 참조). 하나님은 죄 가운데 거하는 사람들의 기둥이 아니다. 주님은 계속 죄악 가운데 거하면서도 이스라엘의 하나님을 의지하려는 외람된 죄인들을 마치 옷에 붙은 가시를 떨어버리듯 거절하실 것이다.

당신의 소망이 가치 있다면 그 소망이 당신의 죄에서 당신을 깨끗하게 해 주겠지만(요일 3:3), 죄 가운데 있으면서 사람을 기쁘게 해 주는 소망이라면 저주를 받게 될 것이다.

그렇다면 우리는 절망 가운데 있어야 하는가? 누구든 회개하지 않으면 결코 천국에 들어가지 못한다. 거룩함이 없으면 하나님의 얼굴을 도저히 바라볼 수 없다는 것을 알아야 한다. 그러나 철저한 회개와 회심 후에 하나님의 자비하심을 얻지 못할 것이라고 절망할 필요는 없다. 또한 하나님의 방식 안에서 회개와 회심에 이르지 못하리라는 절망은 하지 않아도 된다.

회개가 없으면 그리스도의 사역과 고난이 당신에게 허사가 된다

그것은 결국 당신에게 구원을 가져다주지 못할 것이다. 많은 사람이 그리스도께서 죄인을 위해 죽으셨다는 사실을 자신의 소망으로 삼으려 하지만, 분명한 것은 그리스도께서 죽으신 것은 회개하지 않고 계속 죄 가운데 있는 완고한 자들을 위함이 아니라는 점이다.

어느 유명한 신학자는 사람들과 개인적인 상담을 할 때 두 가지 질문을 했다고 한다.

첫 번째는 '그리스도께서 당신을 위해 무엇을 하셨는가?'이고 두 번째는 '그리스도께서 당신 안에서 어떤 역사를 이루셨는가?'이다.

성령의 역사 없이는 구속의 은사를 기대할 수 없다. 즉 내가 주님의 이름으로 전하는데 당신이 죄 가운데서 완고한 상태를 계속 유지한다면 그리스도께서 당신을 구원하실 수 없다.

죄악에 머무는 인간을 구원하는 것은 하나님의 뜻에 어긋나는 일이다.

중보자는 하나님 아버지의 종으로 하나님께 위탁을 받아 하나님의 이름으로 역사하시며, 하나님의 의를 위해 하나님의 명령을 변호하신다(요 6:38, 40, 10:18, 36). 또한 하나님은 만물을 아들에게 위탁하시고 자신의 영광과 자기가 택한 자들의 구원을 그에게 맡기셨다(마 11:27; 요 17:2). 따라서 그리스도는 세상을 떠나시기 전에 하나님으로부터 위임받은 두 가지 일에 대해 보고하셨다(요 17장).

그리스도께서 죄를 버리지 않고 계속 붙들고 있는 사람을 구원하신다면 아버지의 영광을 가로채는 것이요, 신뢰를 크게 변색시키는 격이 된다. 그 이유는 그것이 하나님의 섭리를 번복하는 것일 뿐 아니라 하나님의 속성을 파괴하는 것이기 때문이다.

죄에 머무는 사람을 구원하시는 것은 하나님의 모든 섭리를 번복하는 것이다. 하나님의 섭리는 사람들이 성령의 거룩하게 하심을 통해 구원에 이르는 것이고(살후 2:13), 택하신 자들을 거룩하게 하시는 것이며(엡 1:4), 그들의 택함은 성화를 통해 용서와 생명을 얻기 위함이다(벧전 1:2).

그러므로 하나님의 불변하시는 법칙을 철회시키거나 하나님께서 인 치신 분을 하나님의 명령에 정면으로 거역하도록 타락시킬 수 있다면 회개하지 않은 사람도 얼마든지 천국에 들어갈 수 있을 것이다.

그렇지 않으면 불가능하다. 즉 그리스도께서 회개하지 않은 사람을 구원하실 거라고 기대하는 것은 마치 그분이 맡으신 일에 불성실하기를 기대하는 것과 마찬가지다.

그리스도는 아버지께서 이끌어 주시지 않은 영혼은 한 사람도 구원하신 적이 없고 앞으로도 없으실 것이다(요 6:37, 44). 그러므로 그리스도께서 아버지의 뜻에 역행하는 방법으로는 한 사람도 구원하시지 않는다는 것을 분명히 알기 바란다. 즉 죄를 버리지 않고 계속 붙들고 있는 사람을 구원하는 것은 하나님의 모든 속성에 위배되는 일이다.

무엇보다 회개하지 않은 사람을 구원하시는 것은 하나님의 공의에 위배된다. 하나님의 의로운 심판은 모든 사람을 그들이 행한 대로 보응하는 것이다. 육신을 따라 심은 사람이 성령으로 영생을 거둘 수 있겠는가? 그것은 곧 악한 자에게 의인의 행위를 갚으신 셈이 된다. 그렇게 된다면 하나님의 공의의 영광을 어디에서 찾을 수 있겠는가?

또한 회개하지 않은 사람을 구원하시는 것은 하나님의 거룩하심에 위배된다. 하나님이 죄인을 구원하셨을 뿐 아니라 죄를 버리지 않고 계속 붙들고 있는 사람까지 구원하셨다면 그분의 가장 순수하고 엄격한 거룩함이 말할 수 없이 손상되었을 것이다.

성화되지 못한 자는 하나님의 눈에 돼지나 독사보다 더 추해 보인다. 그러한 자와 하나님이 동거하신다는 것은 하나님의 무한하신 순수성에 지독한 침해가 될 것이다. 그런 사람은 하나님의 심판을 견디지 못한다. 그는 하나님의 존전에 거할 수 없다.

경건한 다윗도 그러한 자를 자기 집에 들이거나 눈앞에 두지 않았는데(시 101:3, 7) 하물며 하나님께서 어떻게 그러실 수 있겠는가? 하나님이 죄인을 더러운 그대로 영광스러운 천국으로 데려가신다면 세상은 하나님이 죄와 멀리 계시지 않으며 죄를 미워하시지도 않는다고 생각할 것이다. 그래서 하나님이 잠잠하신 것을 보고 하나님이 자신과 같은 줄로 생각할 것이다(시 50:21).

회개하지 않은 사람을 구원하시는 것은 하나님의 진실성에도 위배된다. 하나님께서는 누구든지 자기 망상에 잡혀 평안하리라고 말하는 자에게는 하나님의 진노가 내려 그를 태워 버릴 것이라고 하셨다(신 29:19-20).

하나님은 오직 자기 죄를 자복하고 버리는 자만이 불쌍히 여김을 받으리라고 선언하셨다(잠 28:13). 그리고 오직 손이 깨끗하며 마음이 청결한 자만이 여호와의 산에 오르리라고 선언하셨다(시 24:3-4). 그런 분이 회개하지 않은 사람을 구원하신다면 하나님의 진리가 어떻게 되겠는가? 그리스도께서 우리를 구원하시기 위해 아버지를 거짓말쟁이로 만들고, 아버지의 말씀을 무효로 만드신다는 것은 있을 수 없는 일 아닌가!

회개하지 않은 사람을 구원하시는 것은 하나님의 지혜에도 위배된다. 이는 회개하지 않은 자들이 귀하게 여기지도 않고 그들에게 적합하지도 않은 가장 귀중한 긍휼을 그들에게 쏟아 버리는 것과 마찬가지가 될 것이다.

그들은 분명 하나님의 긍휼을 귀하게 여기지 않을 것이다. 성화되지 않은 죄인은 하나님의 크신 구원을 경솔히 취급한다. 그들은 건강한 사람이 의사를 대하는 것보다 더 그리스도께 무관심하다. 그들은 그리스도의 향유와 치유를 귀하게 여기지 않을 뿐 아니라 그분의 보혈을 짓밟는다.

이와 같이 감사하지 않는 사람에게 억지로 용서와 생명을 부여하는 것이 지혜로운 일이겠는가? 전지(全知)하신 하나님께서 우리에게는 "거룩한 것을 개에게 주지 말며 너희 진주를 돼지 앞에 던지지 말라. 그들이 그것을 발로 밟고 돌이켜 너희를 찢어 상하게 할까 염려하라"(마 7:6)고 금하신 후에 그분의 거룩한 것과 진주를 회개하지 않은 자에게 던지시겠는가?

그러한 처사는 긍휼을 모독하는 것이다. 하나님의 명예를 손상시키지 않고 생명을 주는 것, 그리고 하나님의 영광을 보존하는 동시에 인간에게 행복을 부여하는 것이 곧 지혜다.

하나님께서 주시는 천국의 기쁨보다 자기 죄에서 더 큰 쾌락을 얻는 사람에게 하나님의 가장 큰 복을 내리는 것은 하나님을 모독하는 일이다. 만일 하나님께서 부당할 뿐 아니라 원하지도 않는 사람에게 그것을 던져 버리신다면, 그분은 은혜의 찬송과 영광을 잃게 되실 것이다.

또한 하나님의 긍휼하심은 회개하지 않은 사람에게 결코 어울리지 않는다. 우리는 사물이 서로 조화를 이루고, 수단과 목적이 일치하고, 기능과 목표가 일치하며, 역량에 따라 은사가 분배되는 것을 통해 하나님의 지혜를 발견할 수 있다. 예컨대 그리스도께서 중생하지 못한 사람을 천국으로 데려가셨다고 하자. 아마도 그는 들에서 마구 뛰어놀 맹수가 학자들로 가득 찬 방으로 들어갔을 때보다 더 어색하고 곤란해질 것이다. 성화되지 않은 사람이 천국에서 무엇을 하겠는가? 그는 도저히 그곳에서 어울릴 수 없기에 만족할 수 없다. 그곳은 그에게 적합하지 않을 것이다. 마치 물 떠난 물고기처럼 자기 활동영역 밖에 온 격이며, 주위 사람들도 그에게 적합하지 않을 것이다.

어둠과 빛이 함께할 수 없고, 부패와 완전함도 그러하다. 비열함과 죄가 어떻게 영광과 불멸의 친구가 될 수 있는가? 회개하지 않은 자에게 천국은 적합하지 않다. 천국 노래는 그의 입에 맞지 않을 뿐 아니라 그의 귀에도 맞지 않을 것이다. 당나귀를 음악으로 매혹시키거나, 풍금을 연주하게 하거나, 합창단과 함께 노래 부르게 할 수 있는가? 회개하지 않은 사람은 비록 그런 기술이 있다 할지라도 그렇게 하고 싶은 마음이 없을 것이며, 그것을 통해 아무런 쾌락도 누릴 수 없을 것이다.

죽어 가는 병자 앞에 진수성찬을 차린다면 오히려 그의 노여움만 살 것이다. 어느 불쌍한 사람이 주일예배의 설교가 길다고 "아이고, 짜증나!"라고 불평한다면 영원한 안식에 들어가는 것은 얼마나 더 불행하게 생각하겠는가!

회개하지 않은 사람이 구원을 받는 것은 하나님의 불변성에도 위배된다. 혹은 하나님의 전지전능하심에 위배된다고 말할 수 있다.

마음이 청결한 자만이 하나님을 볼 것이다(마 5:8). 이것은 하늘에서 정한 것이며 천상법정의 선서문이다.

그러므로 그리스도께서 회개하지 않은 사람을 천국에 들이신다면 그것은 하나님 아버지의 승인 없이 한 일이 될 것이고, 곧 하나님께서 전지하지 않으시다는 말이 되지 않겠는가?

하나님의 뜻에 어긋난 일이 이루어지는데 어떻게 하나님을 전능하시다 말하겠는가? 그렇게 되지 않으려면 그분이 뜻을 바꾸셔야 하는데, 그렇게 되면 그분의 불변성을 어디에서 찾아보겠는가?

그러므로 모든 죄인은 죄악된 상태를 계속 유지하면서 구원받을 수 있다는 헛된 소망을 포기해야 한다.

빌닷은 이렇게 말했다. "너 때문에 땅이 버림을 받겠느냐. 바위가 그 자리에서 옮겨지겠느냐"(욥 18:4).

더 많은 변론이 필요한가?

하늘의 법이 죄인들을 위해 변경되어야 하겠는가? 그리스도께서 죄인들 때문에 하나님 아버지의 전능하신 눈을 가리고, 하나님 아버지의 영원하신 능력의 팔을 짧게 하셔야 하는가? 하나님의 공의가 죄인들로 인해 침해받아야 하는가? 그분의 성결한 광채가 죄인들로 인해 손상되어야 하겠는가?

얼마나 불가능하고, 불합리하며, 참람한 생각인가!

죄악을 붙드는 사람을 그리스도께서 구원해 주실 것이라는 생각은 구세주를 죄인으로 만드는 것과 마찬가지다. 그리고 이 세상 모든 사악한 사람과 지옥에 있는 마귀가 그렇게 했거나 그럴 수 있었던 것보다 더 무한하신 하나님의 위엄을 떨어뜨리는 것이다.

그런데도 이 참람한 소망을 포기하지 않을 것인가?

죄를 계속 붙드는 인간을 구원하는 것은 그리스도의 말씀에 위배된다

우리는 "누가 하늘에 올라가겠느냐 하지 말라 하니 올라가겠느냐 함은 그리스도를 모셔 내리려는 것이요 혹은 누가 무저갱에 내려가겠느냐 하지 말라 하니 내려가겠느냐 함은 그리스도를 죽은 자 가운데서 모셔 올리려는 것이라. 그러면 무엇을 말하느냐. 말씀이 네게 가까워…"(롬 10:6-8)라고 말할 필요가 없다.

그리스도께서 이 논쟁을 끝나게 하실 수 있다고 믿는가? 주님께서 친히 하신 말씀을 들어보라.

"너희가 돌이켜 …지 아니하면 결단코 천국에 들어가지 못하리라"(마 18:3).

"네가 거듭나야 하겠다"(요 3:7 참조).

"내가 너를 씻어 주지 아니하면 네가 나와 상관이 없느니라"(요 13:8).

"너희도 만일 회개하지 아니하면 다 이와 같이 망하리라"(눅 13:3).

그리스도께서 친히 하신 말씀 한마디면 충분하다. 그리스도께서 이것을 얼마나 자주 반복하여 말씀하셨는가! "진실로 네게 이르노니 사람이 거듭나지 아니하면 하나님의 나라를 볼 수 없느니라"(요 3:3).

주님은 이것을 말씀으로만 그치지 않으시고 육체와 죄에서 새로 거듭나야 할 필요성을 증명하셨다. 이것을 설명하실 때 그분은 마치 짐승이 왕궁에 어울리지 않는 것처럼 사람도 원래 상태로는 천국에 들어갈 수 없다고 하셨다.

이와 같이 그리스도께서 직접 말씀하셨음에도 불구하고 당신은 계속 자신의 오만한 기대 가운데 머물 것인가?

계속 죄를 붙드는 당신을 구원하려면 그리스도께서 하나님 왕국의 법률과 하나님의 심판 규율을 많이 어기셔야 한다.

죄를 계속 붙드는 사람을 구원하시는 것은 그리스도의 맹세를 깨뜨리는 것이다

주님은 천국을 향하여 손을 높이 쳐들고, 주님의 길을 알지 못하며(주님의 길을 모르거나 불순종하는 것), 계속 불신앙 가운데 있는 자는 하나님의 안식에 들어오지 못한다고 하셨다(히 3:18). 그런데도 그리스도의 신실하심을 믿지 않겠는가? 은혜의 언약은 맹세로 확고해지고, 피로 인 쳐졌다. 당신이 성화되지 않은 채로 살다가 죽어서 구원을 얻는다면, 그 모든 언약은 허사가 되고 구원받을 수 있는 다른 길이 발견된 셈이 된다. 그러나 하나님께서는 마지막까지 사람들에게 양보하시고, 그분의 명예를 손상시키지 않는 범위 내에서 가장 낮은 자리까지 내려오셨다.

이제 인간은 회개하지 않으면 구원받을 수 없다. 또 다른 언약을 세우고, 그와 같이 영원토록 엄숙하게 만들어진 복음을 뜯어고칠 수 있다면 몰라도 말이다. 따라서 그 상태로 구원받으려는 사람은 정신이 온전하다고 볼 수 없을 것이다.

죄를 계속 붙드는 인간을 구원하는 것은 하나님의 명예에 위배되는 일이다

하나님은 죄인에 대한 사랑을 나타냄과 동시에 죄에 대한 혐오감도 나타내신다. 그러므로 예수님의 이름을 부르는 자는 악과 모든 경건치 않은 데서 떠나야 하며(딤후 2:19; 딛 2:12), 그리스도로 말미암아 생명의 소망을 가진 자는 그분과 같이 자신을 깨끗하게 해야 한다(요일 3:3). 그러지 않으면 그리스도께서 죄를 좋아하시는 분으로 간주될 것이다.

주 예수님은 죄를 사하시되 그것을 옹호하지는 않으신다는 사실을 온 세상이 알기 원하신다. 거룩한 다윗이 "악을 행하는 너희는 다 나를 떠나라"(시 6:8)고 하며 그들의 면전에서 문을 닫아 버렸는데(시 101:7), 그리스도의 거룩하심은 얼마나 더 엄격하겠는가!

개를 식탁에 청하고, 돼지를 자녀와 함께 거하게 하며, 아브라함의 품을 독사의 보금자리로 만드는 것이 과연 그분께 명예로운 일이겠는가?

죄를 계속 붙드는 인간을 구원하는 것은 그리스도의 직무에 위배되는 일이다

하나님은 주님을 높여 임금과 구주가 되게 하셨다(행 5:31). 그런 분이 죄를 붙들고 있는 사람을 구원하신다면 그 두 직무를 유기(遺棄)하는 셈이 된다.

왕의 직위는 악을 행하는 자에게 공포의 대상이 되고, 선을 행하는 자에게는 찬양의 대상이 된다. "그는 … 하나님의 사역자가 되어 악을 행하는 자에게 진노하심을 따라 보응하는 자니라"(롬 13:4).

예컨대 그리스도께서 계속 불의를 행하는 경건치 않은 자들에게 호의를 베푸셔서 자기 통치하에 들어오기 거부하는 자들과 함께 다스리셨다고 하자. 이것은 원래의 직무에 크게 위배된다. 원수가 그분의 발등상이 되도록 다스리시는 것이기 때문이다. 그런데도 그들을 가슴에 품으신다면 그것은 그분의 왕권이 지향하는 바를 좌절시키고 말 것이다. 그리스도께서 왕으로서 하시는 일은 택하신 백성의 마음을 정복하고, 그들의 정욕을 근절시키시는 것이다(시 45:5, 110:3). 그런데 어떤 왕이 공공연하게 자신을 대적하는 반역자들을 왕궁으로 들이겠는가! 그것이야말로 생명과 왕국과 정부 및 모든 것을 배반하는 일 아니겠는가? 그리스도께서 왕이라면 우리는 응당 그분을 공경하고, 그분께 충성을 다하며, 복종해야 할 것이다. 그런 분이 죄 가운데 있는 자들을 그대로 구원한다는 것은 그분의 존엄성을 손상시키는 것일 뿐 아니라 귀하게 주고 산 그분의 권리를 헌신짝처럼 팔아 버리는 격이 될 것이다.

더 나아가 그런 일을 하신다면 그분은 임금이 되실 수 없으므로 구주도 되실 수 없다. 그 이유는 그분의 구원이 영적인 것이기 때문이다. 그분이 예수라고 불리는 이유는 자기 백성을 그들의 죄에서 구원하시기 때문이다(마 1:21). 따라서 여전히 죄를 붙잡고 있는 사람을 구원하신다면 그분은 주(主)가 되실 수 없을 뿐 아니라 예수라고 불릴 수도 없다. 사람을 죄의 형벌로부터 건져 내시되 죄의 능력에서는 건져 내실 수 없다면 절반만 역사하는 것이요 불완전한 구세주가 되실 것이다.

구원자로서의 그분의 임무는 야곱에게서 경건하지 않은 것을 돌이키시는 것이다(롬 11:26). 그분이 보내심을 받은 것은 그들을 악에서 돌이키심으로(행 3:26) 죄에 종지부를 찍기 위해서다(단 9:24). 회개치 않은 상태에 있는 사람을 구원한다는 것은 곧 그분의 계획을 파괴하며, 자기 임무를 망각하는 처사일 것이다.

그러므로 깨어라, 잠자는 자여. 깨어라, 방심하는 죄인이여. 죄악 중에 멸망하기 전에 깨어라. 그리고 한센병자들처럼 "여기 앉아 있어도 죽을지라"(왕하 7:4 참조)고 말하라. 누구든 회개하지 않으면 기필코 지옥에 들어가게 될 것이다. 그것은 죄인이 지옥에 가게 된다는 사실처럼 명약관화한 일이다. 우리가 피할 길은 단 하나, 회개뿐이다.

당신의 모든 핑계를 떨어버리고 일어나라. 얼마나 더 두 손을 모으고 졸겠는가! 바다 가운데 누워 있으려는가? 혹은 돛대 꼭대기에서 자려는가?(잠 23:34)

우리는 돌이키거나 불에 타거나 둘 중 하나다. 당신이 죄악 가운데 머물기를 결심하면서 전능하신 하나님과 겨루기를 원치 않는다면 당신의 상태는 필연적으로 변화되어야 한다.

당신의 생명을 사랑한다면 일어나서 주께 나아오라. 주 예수께서 열렬한 자비의 손길을 당신 위에 얹으시는 모습이 눈에 선하다. 나는 그분이 롯에게 나타난 천사들처럼 하시리라 믿는다.

"천사가 롯을 재촉하여 이르되 일어나 … 함께 멸망할까 하노라. 그러나 롯이 지체하매 그 사람들이 롯의 … 손을 잡아 인도하여 성 밖에 두니 여호와께서 그에게 자비를 더하심이었더라. 그 사람들이 그들을 밖으로 이끌어 낸 후에 이르되 도망하여 생명을 보존하라. 돌아보거나 들에 머물지 말고 산으로 도망하여 멸망함을 면하라"(창 19:15-17).

당신이 죄악된 상태에서 마음을 완악하게 한다면 고의로 멸망을 자청하고 있음이 아니고 무엇이겠는가? 우리 중 누구라도 충분한 경고를 받지 못했다고 핑계 댈 수 있겠는가? 나는 내 영혼을 건진 것만으로 만족할 수 없다. 내가 지금까지 바람에게 이야기한 것인가? 귀먹은 살모사에게 피리를 불고, 끝없이 동요하는 바다를 이론으로 가라앉히려고 달래고 있었단 말인가? 사람에게 이야기한 것이 아니라 나무나 돌들에게 말하고 있었는가? 지금까지 내가 산 사람에게 이야기한 것인가, 아니면 무덤이나 비석들에게 이야기한 것인가?

당신이 지각없는 동물이 아니라면 잠깐 멈추고 당신이 어디를 향해 가고 있는지 생각해 보라. 당신이 인간의 이성과 식별을 가지고 있다면 제발 눈을 뜨고 그 불구덩이로 뛰어들어 지옥으로 떨어지지 말고 잠깐 멈추어 생각해 보고 회개의 역사를 이루라. 짐승마저 들어가기 무서워하는 그 구덩이로 들어가려는가? 이성이 있으면서도 사망과 지옥, 전능하신 하나님의 벌을 경홀히 여긴단 말인가?

　인간이 짐승과 다른 점이 무엇인가? 짐승은 선견지명이 없어서 앞으로 올 일을 대비하지 못한다. 그런데 경고를 받은 인간이 영원한 고통을 피하지 않는다는 것이 말이 되는가?

　하나님께 나아와 변론하며 당신이 인간임을 나타내라. 당신을 만드신 하나님과 싸우며 그분의 말씀 앞에서 마음을 강퍅케 할 것인가?(사 45:9; 욥 9:4) 그것은 이스라엘의 힘 되시는 분을 거짓말하는 자로 여기는 것 아닌가?(삼상 15:29) 식별력 있는 인간이 자신의 존재 이유를 망각하거나 그 목적과 상반되는 삶을 사는 것이 합리적인가? 이 세상에서 하나님의 뜻을 알고 하나님께 영광 돌리도록 창조된 유일한 존재가 그분을 모르더 살고, 그분께 백해무익한 존재가 되며, 심지어 그분을 대적하고 그분의 면전에 독물을 뱉어 내서야 되겠는가?

　하늘이여 들으라, 땅이여 귀를 기울이라. 모든 지각없는 피조물이여 판단해 보라. 하나님께서 양육하신 인간이 하나님을 대적하는 것이 옳은가? 당신도 스스로 판단해 보라. 가시덤불과 엉겅퀴들이 불과 싸울 수 있는가? 질그릇이 토기장이와 싸울 수 있는가? 필경 "어찌 그럴 수 있는가!"라고 대답할 것이다. 그렇게 답하지 않는다면 당신의 이성의 눈은 멀어 있는 것이다. 그리고 그런 일은 있을 수 없으므로 즉시 돌이켜 회개하는 것이 마땅하다.

이런 논쟁은 얼마든지 할 수 있다. 그러나 내가 원하는 바는 당신이 내 말을 듣고 새 출발을 하는 것뿐이다. 정결케 되고 싶지 않은가? 언제 정결케 되려는가? 고요히 앉아 앞에서 말한 내용을 생각해 보고 돌이키지 않겠는가? 와서 우리가 서로 변론하자. 당신은 그 자리에 그대로 있는 것이 좋은가? 하나님이 과연 그분 자신이 주장하시는 대로 좋은 분인지 한번 시험해 보지 않겠는가? 아니면 마음을 강퍅케 하여 당신은 성화되지 않아도 괜찮다고 계속 스스로를 기만하겠는가?

슬프게도 죄인들이 수없이 멸망해 가고 있다. "내가 내 딸 백성을 어떻게 처치할꼬"(렘 9:7).

주 하나님, 도우소서. 그들을 이대로 내버려 두어야 합니까? 그들이 제 말을 듣지 않아도 하나님께서 제 기도를 들어 주옵소서. 그들이 아버지 앞에서 살아날 수만 있다면! 주여, 그들을 구원하소서. 그들은 멸망합니다. 그들이 깊이 잠들어 있는 동안에 그들의 집에 불이 난다 해도 제 간담이 녹을 텐데, 하물며 그들이 영원한 저주 가운데 떨어지는 것을 보고 제 마음이 아프지 않겠습니까?

주여, 자비를 베푸셔서 그들을 타오르는 불에서 구원해 주옵소서. 하나님께서 능력을 베푸시면 그 일을 하실 수 있습니다.

04
회개하지 않은
사람들의 표적

우리가 일반적인 이야기만 언급할 땐 아무 열매도 기대할 수 없다. 열매를 기대하려면 실천해야 한다. 다윗도 선지자의 비유적 암시만으로는 각성할 수 없었다. 그래서 나단은 "당신이 그 사람이라"고 단도직입적으로 말했다.

거듭남의 필요성을 말로 부인하는 사람은 거의 없다. 그러나 많은 사람이 그것을 지금 당장 경험할 필요까지는 없다고 스스로를 속이고 있다. 그들은 자신이 다른 사람을 기만하고 악한 계획을 은폐하기 위해 종교를 택하는 큰 위선에서 해방되었으므로 성실한 편이라고 자부한다. 하지만 그들 안에 도사린 가장 커다란 위험, 즉 자기 자신의 영혼을 기만하는 심각한 위선에 대해서는 미처 생각하지 못하고 있다.

사람의 마음처럼 거짓된 것은 없다. 즉 그 속은 자기기만으로 꽉 채워져 있고, 이것은 너무나도 치명적인 병폐다.

회개하지 않은 사람은 반드시 자기기만으로부터 석방되어야 한다. 그러지 않으면 멸망하고 말 것이다. 그렇다면 이 일을 어떻게 이룰 수 있을까?

모든 것을 살피시는 빛이여 도와주소서. 주님의 분별하시는 눈앞에 자신을 기만하는 자의 썩은 기초가 드러나게 해 주소서. 주 하나님, 옛적에 선지자를 우상의 방으로 인도하시어 죄인들의 마음의 벽을 뚫고 어두움 가운데 숨겨진 가증스러운 것들을 폭로시키셨듯이 저를 인도하여 주옵소서. 제 앞에 천사를 보내사 베드로 앞에서 철문이 거침없이 열리게 하셨듯이 그들 마음의 문이 활짝 열리게 하옵소서. 요나단이 꿀을 입에 대자마자 눈이 밝아졌듯이, 제게 주어진 불쌍한 영혼들이 이 글을 읽을 때 마음이 조명(照明)되고 양심이 가책을 받아 깨어나, 그들의 눈으로 보고 그들의 귀로 들어 회개하여 주님께 고침받게 하옵소서.

한 가지 분명한 사실은, 사람은 자기 심령이 병들었음에도 불구하고 자신이 건전한 상태라고 속을 수 있다는 것이다.

진리 되신 예수께서 라오디게아교회에 하신 말씀을 들어 보라. 그분은 사람들이 곤고하고, 가련하고, 가난하고, 눈멀고, 벌거벗은 것을 모르고 있다고 말씀하셨다(계 3:17). 그들은 부족한 것이 없고 은혜가 날로 풍성했을지 모른다. "스스로 깨끗한 자로 여기면서도 자기의 더러운 것을 씻지 아니하는 무리가 있느니라"(잠 30:12).

회개하지 않은 상태에서 바울만큼 완전무결하다고 자부할 수 있는 사람이 또 있겠는가?(롬 7:9)

이와 같이 자신에게 충분한 증거가 있다고 굳게 확신하는 사람은 그만큼 비참하게 속는 것이다. 자신이 회개한 사람일 거라고 스스로 다짐하는 것 외에 아무런 증거도 갖고 있지 못한 사람은 아직도 회개가 무엇인지 모르는 것이 틀림없다.

좀 더 구체적으로 살펴보자. 적그리스도의 추종자처럼 회개하지 않은 사람 중 어떤 이는 공공연하게 회개하지 않았다는 표를 이마에 붙이고 다니는가 하면, 어떤 사람은 은밀하게 그 표적을 손에 붙이고 다닌다.

사도 바울이 사형선고를 내리는 자들의 처참한 죄목을 주의 깊게 살펴보라.

"너희도 정녕 이것을 알거니와 음행하는 자나 더러운 자나 탐하는 자 곧 우상 숭배자는 다 그리스도와 하나님의 나라에서 기업을 얻지 못하리니 누구든지 헛된 말로 너희를 속이지 못하게 하라. 이로 말미암아 하나님의 진노가 불순종의 아들들에게 임하나니"(엡 5:5-6).

"그러나 두려워하는 자들과 믿지 아니하는 자들과 흉악한 자들과 살인자들과 음행하는 자들과 점술가들과 우상 숭배자들과 거짓말하는 모든 자들은 불과 유황으로 타는 못에 던져지리니 이것이 둘째 사망이라"(계 21:8).

"불의한 자가 하나님의 나라를 유업으로 받지 못할 줄을 알지 못하느냐. 미혹을 받지 말라. 음행하는 자나 우상 숭배하는 자나 간음하는 자나 탐색하는 자나 남색하는 자나 도적이나 탐욕을 부리는 자나 술 취하는 자나 모욕하는 자나 속여 빼앗는 자들은 하나님의 나라를 유업으로 받지 못하리라"(고전 6:9-10).

이 죄목 속에 자기 이름이 들어 있는 자는 화를 당할 것이다. 이런 자들은 하나님이 하늘에서 직접 말씀하신 것같이 자기들이 성화되지 않았음을 분명히 알아야 하며, 이 상태로 구원받는다는 것은 불가능한 처사다.

다음과 같이 여러 부류의 회개하지 않은 사람이 있다. 그들은 그 표를 이마에 붙이고 다닌다.

더러운 자

이들은 항상 염소로 간주되며, 다른 자들의 이름은 거르는 한이 있어도 이들의 이름은 한 번도 빠지지 않고 앞에서 말한 죄목 가운데 끼었다.

탐하는 자

이들은 우상 숭배자로 낙인 찍혔고, 천국문은 그들 앞에 닫혀 있다.

술 취하는 자

술에 취해 이성을 잃는 자뿐 아니라 독한 술을 마셔도 끄떡하지 않는 자도 이에 포함된다. 하나님은 이런 자 위에 진노의 말씀을 쏟으시며, 이런 자는 천국을 유업으로 받지 못한다고 선포하셨다(사 5:11, 12, 22; 갈 5:21).

거짓말하는 자

거짓말하실 수 없는 하나님은 그분의 나라에 거짓말하는 자들을 위한 자리가 없으므로 하나님의 초장에 들어올 수 없고, 다만 거짓의 아비와 함께 불못에 던져질 거라고 말씀하셨다. 즉 그들은 거짓의 아비인 마귀의 자식들이다(계 21:8; 요 8:44; 잠 6:17).

맹세하는 자

이들은 속히, 그리고 깊이 회개하지 않는 한 홀연히 멸망할 것이며, 가장 확실하고 피할 수 없는 형벌이 그들 위에 임할 것이다(약 5:12, 3; 슥 5:1-3).

모욕하는 자와 험담하는 자

이들은 이웃을 욕하고 그들의 얼굴에 더러운 것 뿌리기를 좋아하거나 뒤에서 헐뜯기를 좋아한다(시 15:1, 3; 고전 5:11).

도적질하는 자, 토색하는 자

이들은 가난한 자를 압제하고 기회 있을 때마다 남의 것을 빼앗는 자다. 하나님은 이런 자들을 벌하시는 분임을 알아야 한다(살전 4:6).

들으라, 거짓되고 훔치고 낭비하는 종들이여. 들으라, 속이는 장사꾼들이여. 당신들에게 내려진 선고를 들으라.

하나님은 당신 앞에서 문을 닫으실 것이며, 당신의 불의의 재물을 진노의 재물로 바꾸실 것이고, 당신이 부정한 방법으로 긁어모은 금과 은을 당신에게 고통을 주는 데 사용하되, 그것들이 마치 불처럼 당신의 살을 먹을 것이다(약 5:2-3 참조).

평소에 하나님을 경배하지 않는 자

이런 자들은 하나님의 말씀을 듣지 않고, 주의 이름을 부르지도 않고, 기도하지 않으며, 자기 영혼과 가족의 영혼을 돌보지 않으며, 이 세상에서 하나님 없이 산다(요 8:47; 욥 15:4; 시 14:4, 79:6; 엡 2:12, 4:18).

헛된 친구들과 사귀는 자

하나님은 이런 자들을 멸하시며, 이들은 결국 하나님의 안식의 성산에 절대로 들어오지 못할 것이라고 선언하셨다(잠 9:6, 13:20).

종교를 우롱하는 자

이런 자들은 엄격한 생활을 비웃으며, 주님의 사자나 충성스러운 종을 조롱하고, 그들의 성직을 우습게 취급하며, 명목뿐인 그리스도인의 약점과 결점을 찾아내어 비웃는 일을 즐긴다(대하 36:16). 거만한 자여, 당신의 무서운 심판을 들으라(잠 19:29).

당신이 혹 이 대열에 끼어 있지 않은지 깊이 살피라. 이 가운데 있다면 악독이 가득하고 불의에 매인 것이다. 그런 사람은 이마에 표적을 붙이고 다니는 사망의 자식임에 틀림없다. 이것이 사실이라면 하나님께서 불쌍한 회중에게 자비를 베푸시기를 바랄 뿐이다. 이 10종류의 사람을 추려 내면 남는 사람이 거의 없을 것이다.

하나님께서 이처럼 우리를 향해 멸망당할 상태에 있다고 선포하시는데 어떻게 안심하고 있을 수 있는가?

하나님께서 말씀하셨듯이 나도 당신에게 묻는다. "네가 어찌 말하기를 나는 더럽혀지지 아니하였다 … 하겠느냐. 골짜기 속에 있는 네 길을 보라. 네 행한 바를 알 것이니라"(렘 2:23).

당신의 양심은 거짓된 궤계와 은밀한 죄와 당신이 거짓말하는 방법을 지적해 주지 않는가?

당신의 친구, 가족, 이웃이 하나님을 경배하지 않는 당신의 불경건한 생활과 탐욕과 시기와 악독에 찬 행동을 증언하지 않는가? 그들이 당신을 손가락질하며 "저기 도박꾼 탕자가 가는군. 술주정뱅이에다가 악한 자의 친구인 나발이 가는군. 남을 모욕하는 자, 험담하는 자, 방탕하게 사는 자 말이야."라고 말하지 않는가?

사랑하는 자여, 하나님께서는 이 같은 것이 결코 하나님 자녀의 표적이 될 수 없으며, 회개케 하는 은혜로 새로워지지 않는 한 지옥의 형벌을 모면할 수 없다고 분명하게 기록하셨다. 우리 모두는 그 말씀대로 심판받게 될 것이다.

그러므로 회개하고 모든 죄악에서 돌이키라. 그러지 않으면 악으로 멸망할 것이다(겔 18:30).

마음이 완고한 죄인이여, 당신을 그대로 내버려 두란 말인가? 술주정뱅이를 술집에 그대로 버려두란 말인가? 사악한 자를 악독 속에 놓아두란 말인가?

당신은 경고를 받았고, 나는 당신의 피와 상관이 없다. 당신이 듣든 듣지 않든, 나는 당신에게 다음의 성경구절을 주겠다. 그것은 번개처럼 당신을 일깨워 주거나 인두처럼 더 완고하게 할 것이다.

"그의 원수들의 머리 곧 죄를 짓고 다니는 자의 정수리는 하나님이 쳐서 깨뜨리시리로다"(시 68:21).
"자주 책망을 받으면서도 목이 곧은 사람은 갑자기 패망을 당하고 피하지 못하리라"(잠 29:1).
"내가 불렀으나 너희가 듣기 싫어하였고 내가 손을 폈으나 돌아보는 자가 없었고 … 너희가 재앙을 만날 때에 내가 웃을 것이며 … 너희의 두려움이 광풍같이 임하겠고"(잠 1:24-27).

분명 많은 사람이 "우리는 이처럼 엄청난 악을 저질렀다는 비난을 받지 않아도 되니 걱정할 것 없다"고 자부할 것이다.

그러나 성결하지 않은 자 중 또 한 부류가 있다. 그들은 이마에 그 표적을 붙이지 않고 좀 더 은밀한 곳에 지니고 다닌다. 이런 사람은 자기 자신과 다른 사람을 기만하여 내부에 죄악이 가득 차 있는데도 외적으로는 훌륭한 그리스도인으로 인정받기 일쑤다. 심판대 앞에서 모든 것이 공공연하게 드러날 때까지 그들의 악이 거의 발견되지 않는다. 이 자기기만자는 천국에 들어갈 수 있다고 자신만만한 태도로 천국 문전까지 가지만 결국 거절당하게 된다(마 7:23).

그러므로 다음의 사실을 깊이 명심하기 바란다. 많은 사람이 은밀한 죄로 인해 멸망당한다. 이런 죄는 남에게만 감춰진 것이 아니라 자신의 마음을 살피는 일이 드물어서 자기 자신도 발견하지 못한다.

뚜렷하게 드러나는 죄는 짓지 않았지만 은밀한 죄로 인해 죽는 사람이 있다. 이런 은밀한 죄로 12가지를 들 수 있는데, 수많은 사람이 이러한 죄 때문에 영원한 죽음의 처소로 몰락해 간다.

주의 깊게 살펴보고, 이러한 것이 당신에게서 발견되면 아직 은혜를 모르고 회개하지 않은 상태임을 가리키는 적신호로 간주하라.

당신이 자신의 삶을 사랑한다면 이에 관련되지 않도록 거룩한 소욕을 가지고 주의 깊게 읽어 보라.

의도적인 무지(호 4:6)

얼마나 많은 영혼이 어두움 가운데서 이 죄로 죽어 가고 있는가! 그들은 그렇게 죽어 가면서도 자기 심령에는 이상이 없으며 틀림없이 천국에 갈 수 있다고 생각한다. 이것이 바로 무방비 상태에 있는 수천만의 영혼을 소리도 없이 살해하는 살인마다. 우리는 그 영혼을 파멸케 하는 손을 보지 못한다.

당신이 아무리 이 무지라는 죄악에 대해 변명해도 그것이 영혼을 파멸케 하는 악이라는 사실은 달라지지 않는다(사 27:11; 살후 1:8; 고후 4:3). 신자를 창고 안에 가두어 놓고, 피 묻은 손의 살인자가 한 사람씩 데리고 나가 무참하게 죽이는 것을 목격하고 마음 아파하지 않을 사람이 있겠는가? 무지로 인해 수많은 사람이 눈이 가려진 채 어둠 속에서 죽어가는 것을 생각할 때 우리 마음은 커다란 아픔을 금할 수 없다.

당신도 이렇게 되지 않도록 조심하라. 무지에 대허 변명하려 들지 말라. 당신이 그 죄를 묵인한다 해도 그 죄는 당신을 구출해 주지 않는다는 것을 기억하라. 그런데도 그 살인자를 당신의 마음속에 간직할 것인가?

은밀한 죄

그리스도를 위해 모든 것을 버리고, 부모나 자기 생명까지도 미워하는 것(눅 14:26)은 참으로 어려운 일이다. 어떤 사람은 매우 많은 일을 하지만 자기를 구원하는 종교를 가지려 하지 않는다. 그는 그리스도께 전적으로 헌신하거나, 자신을 그리스도께 전적으로 맡기지 않는다. 그리스도께 나아가는 것을 방해하는 은밀하고 달콤한 죄를 버리지 못한다. 큰 악의가 있는 것도 아니고, 단지 남몰래 즐기는 세월과 자유와 부귀를 버리지 못하는 것이다. 많은 사람이 그리스도를 이렇게 모신다. 그리스도께서 자기를 부인하신 태도나 그분이 치른 대가는 생각조차 하지 않으려 한다. 이런 근본적 오류가 모두를 망쳐 버리고 영원한 파멸의 도가니 속으로 집어넣는다(눅 14:28-33).

형식적인 종교

많은 사람이 종교의 외적 면이나 형식적인 행사와 의례 준수에 치중한다. 이것은 가장 교묘하게 사람을 기만하고, 노골적으로 하나님을 모독하게 될 가능성이 높다. 바리새인의 경우가 바로 그 예다. 그들은 설교를 듣고, 금식하고, 기도하고, 헌금하면서 자신들이 온전할 수밖에 없다고 생각했다. 하지만 그들은 자신들의 행위를 의지했고, 그 결과 심령의 변화와 내적 능력과 종교적 생명이 결핍되어 천국 갈 준비가 다 되었다는 가식적인 희망과 자신감으로부터 벗어나 마침내 타오르는 불못으로 떨어지게 된다. 인간의 종교가 오직 자신의 마음을 굳히고, 자신의 심령을 교묘히 속이는 데만 사용되는 것만큼 무서운 일이 없다.

그릇된 동기로 하는 거룩한 의무

이것이 곧 바리새인이 파멸한 원인이다. 얼마나 많은 불쌍한 영혼이 이것으로 인해 파멸하고 그 잘못을 채 깨닫기도 전에 지옥으로 떨어지는가! 이런 사람은 소위 '선행'을 했기 때문에 괜찮다고 안심하지만 사실은 육신적 동기에서 비롯되었음을 깨닫지 못한다. 참으로 성결해진 사람에게서도 갖가지 육신적인 일이 튀어 나오게 마련이다. 다만 그런 경우에는 육신적인 일들을 미워하고 수치스럽게 여길 뿐, 그것이 결코 그의 마음을 지배하는 요소가 되지 않는다.

종교적 활동에 대한 주된 동기가 육적인 것, 예컨대 그의 양심을 만족시켜 주기 위한 것이거나, 신앙심이 깊다는 칭찬을 얻게 해 준다거나, 남의 눈에 띄려는 것이거나, 자기 재능을 드러내 보이려고 한 일이라거나, 세속적이고 비종교적인 사람이라는 비난을 모면하기 위한 것 등이라면 그 마음은 건실치 못한 것이다.

그러므로 자기기만에 빠지지 않으려면 자신의 마음을 보되, 행위뿐 아니라 동기까지 살피라.

자기 의를 의지하는 것

이것은 영혼을 망치는 못된 일이다. 사람이 자기 의를 의지하게 되면 틀림없이 그리스도의 의를 배척하게 된다. 눈을 크게 뜨고 죄뿐 아니라 당신을 망치는 행위에 대해서도 경계하라. 어쩌면 당신은 이런 사실을 미처 생각지 못했을지도 모른다. 그러나 의롭고 은혜 충만해 보이는 사람이 큰 죄를 범한 사람처럼 지옥을 면하지 못하는 경우가 있다. 이는 곧 그가 자기 의를 하나님 앞에 내세워 하나님의 공의를 만족시키고, 하나님의 진노를 달래고, 하나님의 환심을 사고, 하나님의 용서하심을 얻기 위한 방편으로 사용하는 경우다. 이는 그리스도의 직분을 빼앗는 것이요, 우리의 행위와 은혜를 구세주로 삼는 일이다. 형식적인 그리스도인이 되지 않도록 이러한 부분을 조심하라.

당신이 아무리 많은 일을 해도 이 하나의 티가 옥(玉)을 망칠 수 있다는 것을 잊지 말라. 당신이 최선을 다한 후에 할 일은 당신 자신을 주님께 드리는 것이다. 그리고 자신의 의를 더러운 걸레로 여기는 것이다(빌 3:8; 사 64:6).

종교의 엄격함에 대한 숨은 적개심

많은 사람이 도덕적인 형식은 잘 준수하면서 신앙의 엄격함과 열의에는 적개심을 품고, 신앙의 능력과 생활을 증오한다. 그런 사람들은 굳이 서두르고 야단법석일 필요가 있느냐고 생각한다. 철저한 종교인을 독선적이고 경솔하며 주책없이 날뛰는 인간이라고 혹평하며, 열성적인 전도자나 열렬한 그리스도인을 한낱 광신자에 지나지 않는 것으로 본다. 그런 사람은 거룩함을 거룩함으로 사랑하지 않는다(그가 받아들인다면 거룩함을 사랑할 것이다). 따라서 그 사람 자신이 어떻게 생각하느냐에 관계없이 그의 심령은 틀림없이 썩어 있다.

일정 수준의 종교 생활에서 멈춤

이런 사람은 구원받았을 것이라고 생각되는 어느 수준을 넘으면 더 이상 나아가지 않는다. 이로써 참은혜를 받지 못하였음을 나타낸다. 참은혜를 받은 자는 늘 완전한 데까지 나아가기를 원한다(잠 4:18; 빌 3:13).

세상을 몹시 사랑함

이는 성화되지 않은 심령의 명백한 증거다. "누구든지 세상을 사랑하면 아버지의 사랑이 그 안에 있지 아니하니"(요일 2:15). 이런 죄가 입으로만 시인하는 신앙 아래 숨겨져 있을 대가 얼마나 많은지 모른다! 이런 죄 속에 있는 기만의 힘이 어찌나 큰지, 대체로 다른 사람의 눈에는 세상적인 것과 탐욕적인 면이 확실히 보이는데도 자신만큼은 보지 못한다.

그런 사람은 너무도 많은 핑계와 위선으로 세상을 향한 자기의 열렬한 사랑을 위장하기 때문에 눈이 먼 채 자기기만 속에서 멸망해 버린다.

소위 그리스도인이라고 자처하는 사람들 중에도 예수 그리스도보다 이 세상에 더 많이 마음을 주며 정을 붙이고 사는 사람이 얼마나 많은가! 그들은 "땅의 일을 생각하는 자들"이며, 현저히 육신을 따라 사는 사람들이므로 마침내 멸망할 것이 뻔하다(롬 8:5; 빌 3:19).

하지만 그들에게 물으면 자신은 무엇보다도 그리스도를 사랑한다고 대답할 것이다. 이는 그들이 자신의 마음을 자세히 살피는 일이 드물어서 세속적인 자기 심령을 알지 못하기 때문이다. 그들이 조심스럽게 살펴보기만 하면 자신의 최대 만족은 세상에 있고, 자신의 최대 관심은 세상을 얻고 거기서 안위함을 얻는 데 있음을 즉시 발견할 것이다. 이것이 회개하지 않은 사람들의 명명백백한 표적이다. 형식적으로 주님을 믿는 사람은 이 문제를 심각하게 생각하여 이러한 죄가 있는 것도 모른 채 멸망하지 않기를 바란다. 인간은 종종 자기 멋대로 합법적인 안위를 사랑하여, 불법적인 죄악의 길을 가는 사람처럼 그리스도에게서 떨어져 갔고, 또 떨어져 가고 있다.

자기를 무시하거나 해를 끼치는 자에 대한 앙심

소위 신앙심이 깊다는 사람 가운데 자신에게 가해진 피해에 대해 앙심을 품고 악을 악으로 갚으며 원수 갚기를 좋아하며 자기에게 피해를 끼친 자를 저주하는 사람이 얼마나 많은가!

이것은 복음의 법칙과 그리스도의 방침과 하나님의 성품에 어긋나는 일이 분명하다. 두말할 나위 없이 이러한 악이 마음에서 부글부글 끓는데도 이것을 증오하거나 대항하거나 억제하려는 노력 없이 습관적으로 좇는 사람이야말로 곤경에 처한 것이며 사망 가운데 있는 것이다(마 18:32-35; 요일 3:14-15).

살아 있는 자만심

사람의 칭찬을 하나님의 칭찬보다 더 사랑하고, 인간의 박수갈채와 평판에 마음을 기울이는 자는 죄 안에 거하면서 아직도 회개가 무엇인지 모르는 사람이다(요 12:43; 갈 1:10).

자기 마음속에 있는 자만심을 보지 못하고, 또 보고도 괴로워하지 않는 자는 죄 가운데 죽어 있다는 사실을 알아야 한다. 얼마나 많은 심령 속에 이 죄가 숨겨져 마음을 지배하고 있는가! 그런데도 자신만이 그러한 사실을 모른 채 스스로를 속이고 있다(요 9:40).

쾌락을 지나치게 사랑하는 일

이것은 오점이다. 인간이 육의 욕망을 그대로 방임한 채 그것을 부인하거나 억제하지 않고, 자기의 배를 채우고 관능을 만족시키는 데서 커다란 즐거움을 얻을 때, 겉으로는 아무리 거룩해 보여도 모든 것이 헛되다. 육을 즐기는 생애는 하나님을 즐겁게 해 드릴 수 없다. "그리스도 예수의 사람들은 그 육체를 십자가에 못 박았으며" 그것을 자기의 적으로 여겨 조심스럽게 견제한다(갈 5:24; 고전 9:25-27 참조).

육신적 안정

이것은 자기 상태가 이미 괜찮다고 믿어 버리는 터무니없는 처사를 의미한다. 돌발적 파멸이 자신에게 다가오는데도 많은 사람이 "평안하고 안전하다"고 외친다. 바로 이러한 사실 때문에 어리석은 처녀들은 마땅히 일하고 있어야 함에도, 즉 시장에 가야 했음에도 불구하고 잠자리에 누워 잠을 자고 있었던 것이다. 그들은 신랑이 올 때까지 등에 기름이 떨어져 있는지 몰랐다. 뒤늦게 기름을 사려고 나갔지만, 그 사이 문이 굳게 닫혀 잔치에 참여할 수 없었다. 이처럼 어리석은 처녀들의 후손들이 없기를 바란다! 하지만 이런 자들이 없는 곳이 어디 있겠는가?

인간은 비천한 자신을 의지하기 좋아하며 자신은 괜찮을 것이라는 실오라기만 한 소망을 붙들고, 변화되는 데 관심이 없다. 이로써 결국 죄 가운데 멸망하고 만다.

당신은 평안한가? 당신의 평안은 어디에 기초를 두는가? 그것은 성경적 평안인가? 당신이 건강한 신자라는 표적을 보이라. 당신은 이 세상 사람이 가진 위선 이상의 것을 소유한 증거를 보일 수 있는가?

그럴 수 없다면 지금의 평안을 그 어떤 고통보다 두려워해야 마땅하다. 그리고 육신이 주는 평안은 영혼의 가장 치명적인 원수임을 알라. 그것은 웃고, 입 맞추고, 부드럽게 말하면서 치명적인 타격을 가한다.

이쯤 되면 독자들 중에는 제자들과 같이 "그런즉 누가 구원을 얻을 수 있으리이까?"라고 외치는 사람이 있을 것이다. 우리 중에서 열 가지 불신의 무리를 제하고, 그 다음 자기를 기만하는 열두 가지 위선자를 제하면 그 나머지가 얼마나 적은 수인지 알게 될 것이다.

이 모든 무리가 제거되어 염소 떼로 보내진 후에 남은 양의 숫자는 극소수에 불과할 것이다. 지금까지 언급한 스물두 종류에 해당되는 사람이 분명한 회개를 하고 변화되지 않는다면 그중 한 사람도 천국에서 만나 볼 소망이 없다는 것을 확신한다.

양심이여, 너의 임무를 다하라. 이 글을 읽거나 듣는 사람들 마음속에 외치라. 네가 이 표적 중 하나라도 발견한다면 완전히 불결하다고 판결 내려야 한다.

네 입에 거짓을 머금지 말라. 하나님께서 평안을 주시지 않은 자들에게 평안을 말하지 말라. 감각이 너를 매수하거나, 자기애(自己愛)나 편견이 너를 장님으로 만들지 못하게 하라.

나는 천국 법정에서 너를 소환하여 증언을 들을 것이다. 아무리 너의 신변이 위험하더라도 이 책을 읽는 자의 참된 모습을 보고하라.

양심이여, 이와 같은 때에 네가 평안히 누워 있겠는가? 살아계신 하나님의 이름으로 엄숙히 명하노니 진실을 말하라. 그 사람이 회개했는가? 혹은 회개치 않았는가? 그가 어떤 죄에 자기 몸을 방임하고 있는가? 그가 무엇보다도 하나님을 사랑하고 즐거워하고 귀중하게 여기며, 그분을 만족시켜 드리려 하는가? 와서 확실하게 답변하라. 그의 영혼이 얼마나 오랫동안 불안정한 상태에서 살아야 하는가? 양심이여, 너의 평결(評決)을 제출하라. 그 사람은 새로운 피조물인가, 아닌가? 너는 어떻게 생각하는가? 그가 철저한 변화를 체험했는가? 그의 영혼이 거듭남으로 겪은 철저한 변화가 언제 어디서 어떤 경로를 통해 일어났는가?

양심이여, 네가 시간과 장소를 제시하지 못한다면 그런 일이 있었음을 증명해 줄 성경구절을 제시하라.

과연 그 사람은 그가 한때 의존했던 거짓된 기초와 거짓된 소망과 거짓된 평안으로부터 탈피한 적이 있는가? 과연 그는 자신의 죄와 길을 잃고 멸망하는 상태를 깊이 깨닫고, 그 상태로부터 벗어나 자기 자신을 송두리째 예수 그리스도께 드린 적이 있는가?

너는 아직도 그가 무지의 세력 아래 갇혀 있으며, 세속적 탁류에 잠겨 있는 것을 모르는가? 그가 치부한 불의의 이득을 보지 못하였는가? 그가 기도도 하지 않고, 말씀도 보지 않고, 이 세상만 사랑하는 것을 발견하지 못하였는가? 그가 종종 거짓말하는 것을 발견하지 못하였는가? 그의 심령이 악의로 부글부글 끓고, 정욕에 불타며, 자기 욕심에 이끌리는 것을 못 보았는가?

지금까지 열거한 사항에 대해 솔직히 말하라. 과연 그 사람이 이 스물두 항목에서 아무런 혐의가 없는지 말하라. 하나라도 해당된다면 그를 제쳐 놓으라.

그는 성도와 함께 유업을 얻을 수 없다. 그는 회개하여 새로운 피조물이 되어야 한다. 그러지 않으면 그는 하나님의 나라에 들어가지 못한다.

당신 스스로를 배반하는 자가 되지 말라. 당신의 심령을 기만하지 말고, 고의로 눈을 가려서 멸망 가운데 빠지는 자가 되지 말라.

당신의 마음속에 법정(法廷)을 두라. 하나님의 말씀과 양심을 함께 묶으라. "마땅히 율법과 증거의 말씀을 좇을지니" 말씀이 당신의 상태에 대해 무엇이라고 판결을 내리는지 들으라.

당신이 어떤 위치에 있는지 분명하게 발견할 때까지 하나님을 추구하라. 이 일에서 실수하면 멸망하고 말 것이다.

믿을 수 없는 마음과 교활한 기분과 남을 속이는 죄가 불쌍한 영혼을 속이고 아첨하려고 공모하고 있다. 그래서 실수하기 쉽고, 속지 않기란 어렵다. 그러므로 정신을 차리고 공정하게 자신의 영적 상태를 진단해 보라. 그로 말미암아 당신의 임무를 다하라. 바닥까지 내려가 촛불을 켜 들고 샅샅이 살피라. 당신 자신을 저울에 달아 보고 성전의 수준에 도달하는지 보라.

당신의 동전을 시금석(試金石) 앞에 갖다 두라. 사탄은 기만의 명수다. 그는 우리 생명에까지 접근할 수 있고, 상술(商術)에 능란하며, 무엇이든 자유자재로 모방할 수 있다. 어떤 은혜든 그가 위조품으로 내놓지 못할 것이 하나도 없다.

마음을 부단히 지키고 자신의 심령을 신임하지 말라. 하나님께로 나아가서도 미심쩍거든 신앙이 깊은 교역자나 그리스도인

친구들과 상담하라. 그 일을 당신의 영원한 복지에 대한 의심이 완전히 풀리는 마지막 순간까지 멈추지 말라.

오, 심령을 감찰하시는 주여, 이 영혼이 당신을 추구하게 하옵시고, 그 일을 도와주옵소서.

05
회개하지 않은 사람들의 비참함

　　회개하지 않은 사람의 형편은 참으로 두렵다. 그래서 나는 종종 누군가가 거듭나지 못했음을 깨닫게만 해 주어도 반 이상 성취한 것이라고 생각한다. 하지만 성화되지 않은 사람은 나태하고 무관심한 생각에 사로잡혀 자신이 회개하지 않았음을 뻔히 알면서도 그대로 주저앉아 있기 일쑤다. 관능적 쾌락에 대한 사랑과 소용돌이치는 세상일과 세상 염려와 정욕과 애정의 틈바구니에 끼어 양심의 소리가 무마되어, 사람들은 그저 덤덤한 희망이나 말하고 의례적인 후회나 결심만 할 뿐이다. 그러므로 나는 사람들에게 자신이 회개하지 않고 있음을 깨닫게 해 주는 것뿐 아니라 그런 상태에 있는 사람의 비참함에 대해서도 생생하게 알려 줄 필요성을 느꼈다.

하지만 나는 처음부터 무기력함을 느낀다. 지옥의 상속자들에게 무슨 말로 그들의 비참함을 충분히 설명해 줄 수 있겠는가? 오직 불꽃 속에 있는 부자만이 그것을 설명할 수 있을 것이다(눅 16:24). 하나님 없이 사는 사람의 비참함을 설명할 수 있는 문인(文人)이 어디 있겠는가? 하나님 안에서 온전히 이루어진, 한없는 축복의 바다에 뛰어들지 않고는 이런 일을 올바로 해낼 사람이 없다.

하지만 죄는 인간을 이런 상태로부터 격리시킨다. 모세는 "누가 주의 능력을 알겠느냐"고 한다(시 90:11 참조). 그렇다면 나도 모르는 사실을 어떻게 사람들에게 말해 줄 수 있단 말인가? 우리가 알고 있는 것으로 생각해 볼 때, 이것은 영적 생명력이나 지각이 가장 둔한 사람의 마음까지도 서늘하게 만들 것이다. 사실 더욱 큰 곤란은 영적 지각이 전혀 없는 사람에게 이 말을 해야 하는 것이다. 인간은 죽은 것과 같은 존재이며, 더욱이 죄와 허물로 죽어 있다는 사실만큼 비참한 것은 없다!

과연 내가 낙원과 천국을 생생하게 묘사할 수 있을까? 마귀가 우리 주님을 시험할 때 이 세상 나라와 그 영광을 묘사한 것처럼 말이다. 내가 과연 그 무시무시한 지옥의 심연의 뚜껑을 열고, 풀무불 문을 열어 보일 수 있을까? 슬프게도 지각이 둔한 자는 이와 같은 것을 볼 눈이 없다. 과연 내가 성결의 아름다움과 복음의 영광을 묘사할 수 있을까? 죄의 극악무도한 추악성과 누추함을 폭로할 수 있을까? 하지만 죄인은 천국의 아름다움이나 지옥의 더러움과 가증스러움을 분별조차 하지 못할 것이다. 이는 소경이 색깔을 구별하지 못하는 것과 같은 이치다.

죄 가운데 있는 사람은 마음의 눈이 어두워지고 무지하여 하나님과 격리된다(엡 4:18). 그는 하나님이나 하나님에 관한 사실을 모른다. 그런 것은 영적으로 분별할 수 있기 때문이다(고전 2:14). 그의 눈은 회개케 하는 은혜로만 구원에 이르도록 뜨일 수 있다(행 26:18).

또한 그는 어둠의 자식으로 어둠 속을 걷고 있다. 실로 그 안에 있는 빛은 어두움이다. 내가 과연 그의 죽음을 선고하고, 애도의 종을 울리며, 하나님의 심판의 나팔을 그의 귀에 불어 그가 생각할 때마다 귀가 쑤시며, 벨사살처럼 안색이 변하고, 사지가 떨리며, 양 무릎이 서로 마주치게 할 수 있을까?

그는 내 말을 알아듣지도 못하고 들을 수 있는 귀조차 없다! 노래하는 여인들을 불러서 모세와 어린 양의 노래를 들려준다 해도 그는 꼼짝하지 않을 것이다. 복음의 즐거운 소리와 아름다운 노래와 기쁜 소식으로 그를 황홀케 해 볼까? 가장 달콤하고 매혹적인 말로 초대해 그를 위로하고, 위대하고 귀한 언약의 감로주(甘露酒)로 그를 달랠까?

들을 귀가 없다면 이 소식을 전하는 것만으로는 그를 구원에 이르도록 인도하지 못할 것이다. 그럼 어찌해야 하는가? 불과 유황으로 타는 불못을 보여 주어야 하는가? 아니면 그 향기로 온 우주를 가득히 채울 값진 나드 향유의 옥합을 깨뜨려 그리스도이신 구세주의 향유와 그분의 옷자락의 향내가 그의 시선을 끌도록 기대해야 하는가?

슬프다. 죽은 죄인들은 우매한 우상과 같다. 즉 "입이 있어도 말하지 못하며 눈이 있어도 보지 못하며 손이 있어도 움직이지 못하며 발이 있어도 걷지 못하며 그 목으로도 소리를 내지 못한다." 그들은 영적 지각과 생기를 잃은 자들이다.

그에게 한 가닥의 지각이나마 남아 있다면 하나님의 말씀의 검을 빼 보겠다.

그러나 슬프게도 하나님의 화살통에서 화살을 빼어 그의 심장을 향해 쏘아도 그는 느끼지 못한다. 감각이 없는데 어떻게 느낄 수 있겠는가!(엡 4:19) 그래서 "하나님의 진노가 그 위에 머물러" 있고, 태산 같은 죄의 짐이 그를 짓누르고 있어도 아무 데도 아프지 않은 것처럼 가볍게 왔다 갔다 하는 것이다.

한마디로 죽은 영혼을 산 몸뚱이에 지니고 다니는 것이요, 그의 육신은 죽고 또 죽고 썩은 마음을 담아 나르는 이동 영구차에 지나지 않는다(유 12절).

그렇다면 이 비참한 대상에게 어떤 각도에서 접근해야 하는가? 과연 누가 돌 같은 마음을 녹이며, 생명 없는 시체에 감각과 활기를 불어넣어 줄 수 있단 말인가? 돌들로도 아브라함의 자녀들을 만드실 수 있고, 죽은 자를 살리시고, 산을 녹이시고, 화석에서 물이 나오게 하시는 하나님, 인간의 소망과 신념을 초월해 역사하시며, 마른 뼈다귀로 교회를 세우시는 하나님만이 이 일을 하실 수 있다. 그러므로 나는 가장 높으신 하나님 앞에 무릎 꿇는다. 그리고 마치 우리 구세주께서 나사로의 무덤 앞에서 기도하셨듯이, 또 수넴 여인이 하나님의 사람에게로 달려갔듯이 당신을 위해 통회하는 목사가 기도의 팔로 당신을 안고 우리를 도와주실 하나님께 나아가기를 바랄 뿐이다.

오, 전능하신 여호와 하나님이시여, 사망과 지옥의 열쇠를 한 손에 쥐고 계시며 한번 역사하시면 아무도 막을 수 없는 전능하신 주 하나님이시여, 여기 무덤 속에 누운 죽은 심령을 불쌍히 여기사 무덤의 돌을 굴리고 죽은 나사로를 부르셨듯이 그에게도 이제 "나오라." 말씀하소서.

오, 감히 접근할 수 없는 빛이시여, 이 어두움을 밝히소서. 높은 빛의 자리에서 이 죽은 무리의 어두운 처소에 찾아오소서. 주님은 죽어 감겨진 눈을 뜨게 하실 수 있나이다. 귀를 지으신 주님만이 다시 듣게 하실 수 있나이다. 이 귀들을 향해 "에바다"(막 7:34)라고 말씀하소서. 그러면 귀가 열리겠나이다. 주여, 주님의 영광을 볼 수 있는 시각을 주시고, 주님의 감미로움을 맛볼 미각을 주시고, 주님의 향내를 맡을 수 있는 후각을 주옵소서. 주님의 은총을 분별하는 지각과 주님의 진노와 견딜 수 없는 죄짐을 느낄 수 있는 감각도 주옵소서. 주님의 종이 마른 뼈들에게 예언하도록 명하시되, 옛날 선지자의 예언같이 마른 뼈의 골짜기가 변하여 살아 움직이는 큰 군대가 되게 하옵소서.

지금부터 나는 내 힘이 미치는 데까지 회개하지 않은 사람의 비참함에 대해 폭로하도록 노력하겠다. 솔직히 말해 그 어느 누구도 말로써 그것을 다 표현할 수 없으며, 그것을 충분히 이해할 수 있는 심령도 없다. 하지만 당신이 회개하지 않았다면 다음의 사실을 명심하라.

하나님께서 대적하신다

하나님 없이 산다는 것이야말로 작지 않은 비극이다. 미가는 단 자손을 쫓아가며 "내가 만든 신들과 제사장을 빼앗아 갔으니 이제 내게 오히려 남은 것이 무엇이냐"고 소리치지 않았는가?(삿 18:24) 이와 같이 하나님 없는 사람은 하늘을 향해 탄식하지 않으면 안 될 것이다.

그는 두려운 절대자 앞에 아무런 주장도 할 수 없다. 죽음의 막바지에 이른 사울이 얼마나 뼈에 사무치도록 탄식하였는가! "블레셋 사람들은 나를 향하여 군대를 일으켰고 하나님은 나를 떠나서"(삼상 28:15).

당신은 재난의 날에 어떻게 할 것인가? 어디로 가서 도움을 구할 것인가? 당신의 자랑거리를 어디에 남겨 두고 갈 것인가? 블레셋 사람이 당신 앞에 들이닥칠 때 어떻게 할 것인가? 이 세상을 하직할 때, 당신의 친구와 가정과 땅에 영원한 이별을 고해야 할 때 어떻게 할 것인가? 그때 돌아갈 하나님이 없다면 어떻게 할 것인가? 그제야 비로소 하나님을 부를 것인가? 그때 가서 하나님께 도움을 구할 것인가?

슬프게도 하나님은 당신을 모른다고 하실 것이다. 하나님은 당신을 거들떠보지도 않으시고 다만 "내가 너희를 도무지 알지 못하니 불법을 행하는 자들아 내게서 떠나가라"(마 7:23) 하시며 당신을 쫓아내실 것이다.

돌아갈 수 있는 하나님을 모신 자, 즉 하나님을 의지하는 사람이라면 하나님 없이 사는 것이 얼마나 두렵고 비참한 일인지 조금 알 수 있다. 그래서 어떤 성결한 사람은 이렇게 외쳤다. "하나님을 모실 수 없다면 다 싫다. 하나님과 하나님의 뜻과 하나님을 기쁘게 해 드리는 것이 무엇인지 알 수 없다면 나는 아무것도 알고 싶지 않다!"

더욱이 당신은 그저 하나님 없이 사는 것으로 그치지 않는다. 하나님께서 당신을 대적하고 계시다. 하나님께서 중립을 지키신다고만 해도 그토록 비참하지는 않을 것이다. 하나님께서 당신을 대적의 손에 맡겨 마음대로 하게 내버려 두신다 해도, 고문하는 자에게 넘겨주어 마귀가 온갖 능력과 기술을 다하여 찢고 고문한다 해도 하나님의 진노에 비하면 아무것도 아니다.

하나님은 반드시 죄인들을 대적하실 것이다. "살아 계신 하나님의 손에 빠져 들어가는 것이 무서울진저"(히 10:31)라는 말씀을 믿으라.

하나님과 비교할 수 있는 친구도 없을뿐더러 하나님과 같은 적(敵)도 없다. 하늘이 땅보다 높고 전능한 것이 무능한 것보다 높음같이, 곰이나 사자의 사나운 손아귀, 심지어 마귀의 광포(狂暴)에 떨어지는 것보다 살아 계신 하나님의 손에 빠지는 것이 훨씬 더 무서운 일이다. 하나님께서 친히 죄인을 고문하실 것이며, 그는 주의 면전에서 멸망할 것이다(살후 1:9). 하나님께서 당신을 대적하시면 누가 당신을 위할 수 있겠는가? "사람이 사람에게 범죄하면 하나님이 심판하시려니와 만일 사람이 여호와께

범죄하면 누가 그를 위하여 간구하겠느냐"(삼상 2:25). "주께서는 경외받을 이시니 주께서 한 번 노하실 때에 누가 주의 목전에 서리이까"(시 76:7).

누가, 혹은 무엇이 당신을 하나님의 손에서 건져 줄 수 있겠는가? 돈이 할 수 있겠는가? "재물은 진노하시는 날에 무익하나"(잠 11:4). 왕이나 군대가 할 수 있겠는가? 결코 그렇지 않다. "땅의 임금들과 왕족들과 장군들과 부자들과 강한 자들과 모든 종과 자유인이 굴과 산들의 바위틈에 숨어 산들과 바위에게 말하되 우리 위에 떨어져 보좌에 앉으신 이의 얼굴에서와 그 어린 양의 진노에서 우리를 가리라. 그들의 진노의 큰 날이 이르렀으니 누가 능히 서리요 하더라"(계 6:15-17).

하나님께서 대적이 되신다는 말이 당신의 심장에 비수처럼 꽂히길 원한다. 당신은 어디로 갈 것인가? 어디에 숨겠는가? 무기를 버리고 용서를 빌라. 그리스도를 친구로 삼아 그분과 더불어 화목하라. 그러지 않으면 당신에게는 어떠한 소망도 있을 수 없다. 이런 길이 없었다면 당신은 아마도 쓸쓸한 들판을 헤매며 슬픔에 젖고, 마음의 괴로움과 절망적인 공포에 휩싸여 미칠 지경이 됐을 것이다. 하지만 당신은 그리스도 안에서 자비의 손길을 찾을 수 있다. 당신에게 자비가 베풀어질 것이며 하나님께서 당신을 대적하시는 만큼 이제 그분이 당신 편이 되실 것이다.

그러나 당신이 죄를 버리고 온전히 회개함으로 철저하게, 또 자발적으로 하나님께 돌이키지 않는다면 하나님의 진노가 당신에게 머물 것이다. 또한 하나님께서는 선지자가 "그러므로 나 주 여호와가 말하노라. 나 곧 내가 너를 치며"(겔 5:8)라고 말한 것처럼 당신을 대적하실 것이다.

하나님의 얼굴이 죄인을 대하신다

"여호와의 얼굴은 악을 행하는 자를 향하사 그들의 자취를 땅에서 끊으려 하시는도다"(시 34:16). 하나님께서 얼굴을 대하시는 자에게는 화가 있다. 그분이 애굽의 대군을 마주 보셨을 때 어떤 일이 일어났는가? "그 사람을 대적하여 그들을 놀라움과 표징과 속담거리가 되게 하여 내 백성 가운데에서 끊으리니 내가 여호와인 줄을 너희가 알리라"(겔 14:8).

하나님의 마음이 죄인을 대적한다

주님은 불의를 행하는 자를 미워하신다. 당신이 하나님의 미움이 되었다고 생각하면 두렵고 떨리지 않는가? "모세와 사무엘이 내 앞에 섰다 할지라도 내 마음은 이 백성을 향할 수 없나니 그들을 내 앞에서 쫓아 내보내라"(렘 15:1). "이는 내 마음에 그들을 싫어하였고 그들의 마음에도 나를 미워하였음이라"(슥 11:8).

하나님의 모든 속성이 죄인을 대적한다

하나님의 공의는 마치 죄인을 향하여 빼어 든 번쩍이는 칼과 같다. "내 번쩍이는 칼을 갈며 내 손이 정의를 붙들고 내 대적들에게 복수하며 나를 미워하는 자들에게 보응할 것이라. 내 화살이 피에 취하게 하고…"(신 32:41-42). 하나님의 공의는 어찌나 엄격한지 도저히 죄과를 씻어 내지 못한다. 그분은 당신을 방임하며 죄 없다 하시지 않는다. 당신이 그리스도의 공로를 의지하여 그분의 공의를 성경말씀대로 만족시키지 않는다면 하나님께서는 당신에게 직접 죄의 값을 물으실 것이다.

죄를 깨달은 죄인이 공의를 눈으로 보고 자신이 어떤 저울에 달릴 것이며 어떤 칼로 처벌받을 것인지 안다면 가슴속에 지진이 일어난 것처럼 큰 괴로움을 느낄 것이다. 그러나 사탄은 할 수 있는 한 이 사실이 눈에 보이지 않게 하고, 영혼들에게 하나님은 자비하시기만 하다고 속임으로써 많은 사람이 죄 가운데 잠들게 한다.

하나님의 공의는 털끝만큼도 틀림이 없다. 공의는 호리라도 남김없이 모두 갚을 것을 요구한다.

공의는 "불의를 따르는 자에게는 진노와 분노로" 행하신다(롬 2:8-9). 공의는 "율법책에 기록된 대로 모든 일을 항상 행하지 아니하는 자"를 저주한다(갈 3:10).

죄의식에 빠져 있는, 용서받지 못한 죄인이 하나님의 공의를 대하는 것은 파산한 채무자가 채권자를 대하는 것보다 더 무섭고, 도둑이 재판관을 대하는 것보다 더 무섭고, 살인자가 교수대를 대하는 것보다 더 무서운 일이다. 공의가 사생결단을 내릴 때, 비참한 죄인은 두려움에 벌벌 떨지 않고는 배길 수 없다. "그 손발을 묶어 바깥 어두운 데에 내던지라. 거기서 슬피 울며 이를 갈게 되리라"(마 22:13). "저주를 받은 자들아 나를 떠나 … 영원한 불에 들어가라"(마 25:41).

이는 공의가 내리는 참으로 무서운 선고다. 당신은 이 무서운 공의로 심판을 받고, 하나님이 살아 계시는 한 이 사형선고를 들어야 한다. 이것을 피하는 유일한 길은 회개하고 회심하는 것뿐이다.

하나님의 거룩하심이 죄인을 대적한다. 하나님은 죄인에게 진노하실 뿐 아니라(하나님은 자기 자녀에 대하여도 노하신다) 죄인을 향해 불쾌감을 가지신다. 하나님의 성품은 죄와는 영원히 일치할 수 없다. 따라서 하나님은 그리스도를 떠난 죄인을 기뻐하실 수 없다.

하나님의 호의를 받지 못하는 것, 곧 하나님의 증오의 대상이 되는 것은 얼마나 비참한가! 만일 당신이 변화하여 새롭게 되지 않았는데도 당신을 대적하거나 꺼리지 않으신다면, 그분이 자신의 성품을 버리신 것이요, 하나님이 되실 수 없는 것이다.

죄인이 어찌 감히 저 빛나는 태양의 순결을, 하나님의 성결한 미와 영광을 생각할 수 있겠는가?

"그의 눈에는 … 별도 빛나지 못하거든"(욥 25:5). "스스로 낮추사 천지를 살피시고"(시 113:6).

만물을 살피시는 그분의 눈을 생각하라. 그분이 당신에게서 무엇을 발견하시겠는가? 당신은 당신을 변호하시는 그리스도에 대해 왜 그토록 무관심한가? 당신은 마땅히 벧세메스 사람처럼 "이 거룩하신 하나님 여호와 앞에 누가 능히 서리요"(삼상 6:20)라고 부르짖어야 할 것이다.

하나님의 능력은 마치 당신을 향해 설치된 대포처럼 당신을 향하고 있다. 하나님의 위대한 권능은 복음에 순종하지 않은 자들이 크게 당황하며 멸망하는 데서 나타날 것이다. 하나님은 그들에게 자기의 권능을 나타내실 것이다(롬 9:22). 얼마나 격렬하게 그들을 벌하시겠는가! 하나님께서 그들을 세우신 것은 그들을 통해 자신의 능력을 보이고자 하셨기 때문이다(롬 9:17). 그런데 인간이 감히 자신을 창조하신 분과 다투겠는가?

하나님의 진노의 능력이 죄인을 대적하신다. 그분의 권능과 진노가 합하여 무서운 일을 빚어낸다. 온 세상이 당신을 대적하는 것이 차라리 하나님께서 당신을 대적하시는 것보다 낫다. 그분의 손길을 벗어나고 그분의 감옥을 벗어나는 길은 없다. "그의 큰 능력의 우렛소리를 누가 능히 헤아리랴"(욥 26:14). 그러나 불행한 자들은 이것을 실제로 겪게 될 것이다. "사람이 하나님께 변론하기를 좋아할지라도 천 마디에 한 마디도 대답하지 못하리라. 그는 마음이 지혜로우시고 힘이 강하시니 그를 거슬러 스스로 완악하게 행하고도 형통할 자가 누구이랴. 그가 진노하심으로 산을 무너뜨리시며 옮기실지라도 산이 깨닫지 못하며 그가 땅을 그 자리에서 움직이시니 그 기둥들이 흔들리도다. 그가 해를 명령하여 뜨지 못하게 하시며 별들을 가두시도다. … 무엇을 하시나이까 하고 누가 물을 수 있으랴. 하나님이 진노를 돌이키지 아니하시나니 라합을 돕는 자들이 그 밑에 굴복하겠거든 하물며 내가 감히 대답하겠으며 그 앞에서 무슨 말을 택하랴"(욥 9:3-14). 당신은 이와 같은 상대와 경쟁할 수 있는가? "하나님을 잊어버린 너희여 이제 이를 생각하라. 그렇지 아니하면 내가 너희를 찢으리니 건질 자 없으리라"(시 50:22).

하나님의 긍휼하심에 굴복하라. 먼지요, 그루터기인 당신이 어찌 전능자에게 대항하려는가? 찔레와 가시덤불을 그분 앞에 놓지 말라. 그분은 그것을 통과하여 모두 태워 버리실 것이다. 그분의 능력을 시인하고 그분과 함께 화목하라(사 27:4-5). "자기를 지으신 이와 더불어 다툴진대 화 있을진저"(사 45:9).

하나님의 지혜가 죄인을 멸망시키려 한다. 하나님께서 활을 당기셨으며, 죽일 계책으로 죄인을 치려 하신다(렘 18:11). 불길한 날을 맞아 죄인이 올무에 걸려들 때 그분은 웃으신다. "주께서 그를 비웃으시리니 그의 날이 다가옴을 보심이로다"(시 37:13). 그때 하나님은 죄인이 순식간에 떨어져 비통하게 되어 손을 비틀고, 머리털을 뜯으며, 살을 먹으며, 파멸의 구렁텅이로 떨어져 피할 수 없게 된 것을 알고, 마음의 고통과 놀람으로 이를 가는 것을 보실 것이다.

하나님의 진리가 죄인을 대적하여 맹세할 것이다. 하나님이 미쁘고 진실하신 분이라면 당신이 죄의 길로 행할 때 반드시 멸망해야 한다. 하나님의 말씀이 허위가 아니라면 당신은 회개하지 않는 한 반드시 죽어야 한다. "우리는 미쁨이 없을지라도 주는 항상 미쁘시니 자기를 부인하실 수 없으시리라"(딤후 2:13).

하나님은 그분의 약속만 충실히 이행하시는 것이 아니라 경고하신 것도 그대로 이행하셔서 믿지 않는 자에게 가차없이 멸망을 내리신다.

하나님께서는 그분이 당신을 씻기지 않는다면 당신은 그분과 아무 상관이 없노라고 분명하게 말씀하셨다(요 13:8). 또 육을 좇아 살면 반드시 죽는다 하셨고(롬 8:13), 회개하지 않으면 절대로 하나님 나라에 들어갈 수 없다고 하셨다(마 18:3).

이와 같이 하나님의 약속과 맹세에 있는 불변하시는 미쁘심은 믿는 자들에게 커다란 위안이 되는 반면, 믿지 않는 자들에게는 놀라움과 두려움이 된다.

당신을 향하여 고발하는 하나님의 말씀의 경고를 어떻게 생각하는가? 당신은 이것이 사실이라고 믿는가? 믿지 않는다면 당신은 불쌍한 이교도에 지나지 않는다. 이것이 사실임을 믿고, 하나님의 미쁘심이 당신을 멸망시키려는데도 태연자약하게 왔다 갔다 하고 있다면 당신은 참으로 돌 같은 마음을 가진 자다! 당신이 회개하지 않는 것을 두고 성경 전체가 당신을 고소하지 않는가? 페이지마다 당신을 정죄하는 것이 마치 안팎이 슬픔과 통곡으로 채워져 있는 에스겔의 두루마리와 같다. 당신이 회개하지 않으면 이러한 사실이 틀림없이 당신에게 임할 것이다. "천지가 없어지기 전에는 율법의 일점일획도 결코 없어지지 아니하고 다 이루리라"(마 5:18).

이제 이 모든 것을 종합해 보라. 회개하지 않은 사람의 처지가 한탄할 만큼 비참하지 않은가? 몇몇 사람이 바울을 죽이려고 맹세와 저주를 했던 것처럼(행 23:12-13), 하나님의 무한하신 모든 속성도 죄인을 벌하려 벼르고 있다. 당신은 어떻게 할 것인가? 어디로 도망할 것인가?

하나님은 전지하시므로 우리는 그분을 피할 수 없다. 진실하고 미쁘신 하나님께서는 죄인이 회개하지 않으면 멸망하게 된다는 그분의 맹세를 지키실 것이다.

전능하신 하나님께서는 죄인을 형벌하실 권능이 있다. 그러므로 속히 회개하여 화를 막지 않으면 당신의 영혼과 몸은 영원토록 비참해질 것이다.

하나님의 모든 피조물이 대적한다

바울은 "피조물이 다 이제까지 함께 탄식하며 함께 고통을 겪고 있는 것을 우리가 아느니라"(롬 8:22)라고 말했다. 대체 무엇 때문에 피조물이 탄식하고 있을까? 성화되지 않은 인간의 정욕 아래 굴복되어 혹사당하기 때문이다. 피조물이 탄식하는 이유는 이러한 오용으로부터 자유와 해방을 얻기 위해서다. 즉 피조물이 허무한 데 굴복하는 것은 자기 뜻이 아니기 때문이다(롬 8:20-21).

이성도 없고 무생물인 피조물 모두에게 입이 있어 말할 수 있다면, 이 견딜 수 없는 구속에 억눌려 하나님께서 그들을 창조하신 원래의 목적과 달리 오용되고 있는 자기들의 처지를 호소했을 것이다.

어느 유명한 성직자는 다음과 같이 말했다. "술주정뱅이들이 마시는 술에 사람처럼 이성이 있어서 자기들이 얼마나 불명예스럽게 오용되는지 그 사실을 알 수 있다면, 그를 향하여 술통에서 탄식하고, 술잔에서 탄식하고, 그의 목구멍에서 탄식하고, 그의 배 속에서 탄식했을 것이요, 할 수만 있다면 그의 얼굴을 후려갈겼을 것이다. 하나님께서 발람의 노새의 입을 열어 주셨듯이 피조물들이 입을 연다면, 교만한 사람의 등에 걸쳐진 옷이 그를 향하여 탄식할 것이다. 피조물들에게 이성이 있어서 자기들이 얼마나 오용되는지 안다면 아마도 탄식하지 않을 피조물이 하나도 없을 것이다. 땅은 그를 지탱하고 있는 것을 탄식하고, 공기는 그에게 호흡을 주는 것을 탄식하고, 집은 그를 거처하게 함을 탄식하고, 침대는 그를 쉬게 함을 탄식하고, 음식은 그를 살찌게 함을 탄식하고, 옷은 그의 몸을 가려 줌을 탄식하고, 짐승은 그에게 도움과 위안을 제공하게 됨을 탄식하리라. 이는 인간들이 죄 가운데 살며 하나님을 대적하는 한 계속될 것이다."

회개하지 않은 영혼이 자신이 피조물에게 부담이 되고 있다는 사실을 깨닫는다면 두려움에 떨 것이다. "찍어 버리라. 어찌 땅만 버리게 하겠느냐"(눅 13:7).

무생물이 말을 할 수 있다면 당신의 음식물은 이렇게 이야기할 것이다. "주여, 이처럼 비천한 자를 위해 저의 힘을 고스란히 바쳐야 합니까? 주께서 명하신다면 차라리 그의 목이 메이게 하겠습니다."

공기는 이렇게 이야기할 것이다. "주여, 이 자가 숨을 쉬게 해야 합니까? 이 자는 하늘을 향해 마음대로 혀를 놀리고, 주님의 백성을 조롱하고, 교만한 말과 분노와 더러운 말을 내뱉으며 주님에 대해 온갖 불경스러운 험담을 합니다. 주님이 한 마디만 하시면 당장 그가 숨이 막히게 하겠습니다."

불쌍한 우마(牛馬)도 이렇게 말할 것이다. "주여, 그가 사악한 일을 하도록 제가 태우고 다녀야 하겠습니까? 차라리 그의 뼈다귀를 부러뜨리겠습니다. 주님을 떠나는 것보다 그의 생명을 빼앗아 버리는 것이 더 낫습니다."

악한 자가 죽기까지 땅은 그 발밑에서 신음하며 지옥은 그에게 손짓하며 갈망한다. 만물의 주께서 죄인을 대적하시는 한 주께서 창조하신 만물도 죄인을 대적할 것이다. 인간이 회개하여 그와 하나님 사이의 싸움이 종식되고, 하나님께서 그의 피조물과 인간 사이에 다시 평화조약을 체결해 주실 때까지 모든 피조물은 싸움을 그치지 않을 것이다(욥 5:22-24; 호 2:18-20).

사탄이 완전히 지배하고 있다

죄인은 울부짖는 사자의 손아귀에 꽉 잡혀 있다(벧전 5:8). 즉 자기 소욕을 따라 마귀의 올무에 빠져 있다(딤후 2:26). 그것은 곧 불순종의 아들들 가운데 역사하는 영이다(엡 2:2). 그는 마귀의 일꾼이요, 마귀의 욕심을 갖고 있다. 또 그는 이 어두움의 세상 주관자다(엡 6:12). 다시 말해 어두움 가운데 살고 있는 어리석은 죄인들의 주관자이다. 죄인은 미신을 섬기는 인디언을 측은하게 여기면서 그것이 바로 죄인 자신의 처지임은 생각지 못하고 있다. 성화되지 못한 모든 사람은 마귀를 신으로 섬기는 비참함 가운데 있는 것이다. 그들이 마귀를 섬기고 싶어 해서 그런 것이 아니다. 그들은 기회 있는 대로 마귀에 항거하며, 마귀 역시 그들에게 똑같이 행동할 것이다. 하지만 그들은 그런 가운데서도 마귀를 섬기며 마귀의 세력 아래 살고 있다. "너희 자신을 종으로 내주어 누구에게 순종하든지 그 순종함을 받는 자의 종이 되는 줄을 너희가 알지 못하느냐"(롬 6:16).

그렇다면 소위 하나님의 자녀라고 자처하는 사람들 가운데서도 마귀의 자녀로 발견될 사람이 얼마나 많은가! 죄인은 사탄이 악한 쾌락이나 불법적인 이익을 주면 서슴지 않고 받아 버린다.

또한 사탄이 거짓말을 하게 하거나 원수를 갚도록 충동하면 즉시 순종해 버린다. 마귀가 성경을 읽거나 기도하는 것을 금해도 죄인은 그의 말을 듣는다. 그러므로 죄인은 마귀의 종이다. 마귀는 커튼 뒤에 몸을 숨기고 어두움 속에서 활약하기 때문에 죄인들은 누가 자신을 충동질하는지 보지 못한다. 그저 그가 인도하는 대로 순순히 따라가고 있다.

물론 거짓말하는 자들이 고의적으로 사탄을 섬기는 것은 아니다. 사탄은 그저 커튼 뒤에 숨어서 모든 것을 마음속에 심어 준다. 유다가 돈 때문에 주님을 팔아넘기고, 갈대아와 스바 사람이 욥의 소유를 약탈해 갔을 때도 그들에게는 사탄을 즐겁게 해 주려는 의도가 없었을 것이다. 그들은 단지 자신의 야욕을 채우려 했을 뿐이다. 하지만 그들에게 동기를 부여한 것은 사탄이다(욥 1:12, 15, 17). 사람은 마귀의 일꾼과 노예로 있으면서도 그 사실을 까맣게 모를 수 있다. 오히려 그 안에서 자유마저 누리며 자신의 쾌락을 좇는다.

당신도 여전히 그것을 깨닫지 못한 채 어두움 속에서 빛 가운데로 나오지 못하고 있지 않은가? 나는 당신이 사탄의 세력 아래 있을까 두렵다. 공공연한 죄를 고의로 짓고 있지 않은가? 만일 그렇다면 당신이 마귀에게 속해 있음을 알라. 분쟁과 시기와 악의 가운데 살고 있는가? 그렇다면 실로 마귀는 당신의 아비다. 무서운 일이다. 사탄이 당신에게 끊임없는 쾌락을 갖다 주어도 당신은 결국 멸망하고 말 것이다. 하와처럼 당신도 과일을 물고 오는 뱀의 입속에 숨겨진 독침을 보지 못하고 있다. 유혹자인 사탄은 어느 날 당신의 고문자가 될 것이다.

나는 단지 당신이 얼마나 나쁜 주인을 섬기며, 얼마나 무자비한 폭군을 받드는지 알게 해 줄 수 있기를 바란다. 사탄의 유일한 쾌락은 당신이 확실하게 멸망당하고 파멸하는 것이며, 당신이 영원히 들어가야 할 풀무불을 극렬하게 달구는 것이다.

모든 죄목이 태산처럼 쌓여 있다

이것이 곧 죄인이 모르는 죄인의 비참함이다. 회개하지 않는 한 죄인의 죄는 하나도 지워지지 않을 것이며, 그 모든 것이 자신을 고소할 것이다.

중생과 죄사함은 불가분의 관계다. 성화되지 않은 사람은 의롭다 함을 얻지 못하며 죄도 용서받지 못한다. 빚을 지는 것은 두려운 일이지만 무엇보다 두려운 것은 하나님께 빚지는 것이다. 그 빚을 못 갚으면 억센 구속과 소름끼치는 형벌을 면할 수 없기 때문이다. 자기 죄짐을 깨달은 죄인을 보라. 얼마나 두려운 표정이고, 얼마나 두렵게 울고 있는가? 그의 안일은 쓰디쓴 고민으로 바뀌며, 입술은 타들어 가고, 눈에서는 잠이 떠나간다. 그는 자신과 주위에 있는 모든 사물에게 공포의 대상이 된다.

심지어 그는 길바닥에 굴러다니는 돌들을 부러워하게 된다. 돌에게는 감각이 없어 그가 느끼는 비참함을 모르기 때문이다. 차라리 개로 태어났기를 바라기도 한다. 개의 불행은 죽음과 함께 끝나 버리기 때문이다. 하지만 그의 고통은 끝없는 고통의 시초에 불과하다.

당신이 지금은 그것을 가볍게 여길지라도 언젠가는 용서받지 못한 죄가 무거운 짐이 될 것이다. 무거운 짐은 곧 연자 맷돌이니 "이 돌 위에 떨어지는 자는 깨지겠고 이 돌이 사람 위에 떨어지면 그를 가루로 만들어 흩으리라"(마 21:44). 구주께서는 우리 죄로 인하여 고난과 죽음을 당하셨다. 이처럼 "푸른 나무에도 이같이 하거든 마른 나무에는 어떻게 되리요"(눅 23:31).

늦기 전에 당신의 처지를 생각해 보라. "너희가 너희 죄 가운데서 죽으리라"(요 8:24)고 하신 말씀을 두려움 없이 대할 사람이 어디 있겠는가? 죄 가운데서 죽기보다는 차라리 감옥이나 개천이나 토굴 속에서 죽는 것이 낫다. 죽음이 이 세상의 모든 안이함을 빼앗아 갈 때 당신의 죄악도 함께 몰수해 간다면 그나마 혜택을 받는 셈이다. 그러나 친구들이 당신을 떠나가고 세상 쾌락이 당신과 작별해도 죄는 당신을 쫓아갈 것이다. 죄수는 죽음과 함께 다른 빚을 청산하지만 당신의 죄는 청산되지 않는다. 그 죄는 당신과 함께 심판 자리까지 따라가서 당신을 참소할 것이다. 그리고 마지막에는 당신과 함께 지옥까지 내려가서 당신의 고문자가 될 것이다.

그 모든 죄가 당신에게 끼칠 해악은 상상할 수도 없다. 늦기 전에 당신의 빚을 청산하라. 하나님의 계명 하나하나가 당신을 수없이 얽어매며 목덜미를 잡고 있지 않은가! 그 모든 것이 당신을 참소할 때 어떻게 할 것인가? 양심의 눈을 뜨고 이러한 사실을 깊이 생각하라. 그리고 당신 자신에 대하여 실망하며 그리스도 앞으로 달려가 당신 앞에 있는 소망을 붙들기 위해 은신처로 날아 들어가라.

비참한 욕망의 노예가 된다

회개하지 않은 사람의 맹렬한 욕망은 그를 비참함 노예로 만든다. 회개하지 않는 한 당신은 죄의 종이다. 죄가 당신을 다스린다. 당신이 하나님의 언약 안으로 피할 때까지 죄가 당신을 지배할 것이다. 이 세상에 죄와 같은 폭군은 없다. 죄는 자기 종들로 하여금 두렵고 비열한 일을 하게 한다.

불쌍한 무리가 자신들을 불사를 나뭇단을 몸소 나르는 애처로운 모습을 볼 때 마음이 상하지 않는가? 바로 이것이 죄의 노예가 하는 일이다. 불의의 이득을 기뻐하고 향락 속에 빠져 노래부를 때, 그들은 영원히 자기 몸을 불사를 복수의 나뭇단을 쌓아 올리는 것이며, 지옥에 장작더미를 크게 올리고 기름을 끼얹어 불길을 더욱더 무섭게 만들고 있는 것이다.

고역과 죽음을 대가로 주는 주인을 섬길 자가 어디 있는가? 군대 귀신 들린 자의 모습이 얼마나 처참했는가! 그가 무덤 사이에 살면서 자기 몸을 상하게 하는 것을 볼 때 당신의 마음도 상하지 않았는가? 그것이 곧 죄인의 처지이며, 죄인이 하고 있는 일이다. 죄인이 한 번 내리칠 때마다 그의 폐부가 찔리고 있다. 지금은 양심이 잠들어 있을지라도 사망과 심판이 그를 제정신으로 돌아오게 할 때, 비로소 죄인은 상처마다 아픈 고통을 느끼게 될 것이다.

자신이 비참한 죄의 속박 가운데 있음을 깨닫는 순간이 바로 자신이 죄인임을 깨닫는 때다. 양심은 그를 공격하며 종말에 관해 말해 준다. 하지만 이미 정욕의 노예가 되어 있기 때문에 계속 죄를 짓고, 멸망할 것을 뻔히 알면서도 그것을 중단하지 못한다. 유혹이 다가오면, 욕망은 그로 하여금 모든 맹세와 약속의 끈을 끊고 파멸을 향해 달음질치게 한다.

영원한 복수의 풀무불이 타오른다

지옥과 파멸이 입을 벌리고 있다. 죄인을 삼키려고 입 벌리며 울부짖고 있다(사 5:14). 그들은 벼랑에 서 있는 죄인을 향하여 삼킬 듯이 눈을 뜨고, 죄인이 떨어지기만 고대하고 있다. 인간의 분노가 "사자의 부르짖음 같고"(잠 19:12), "모래보다 무겁다"(잠 27:3 참조)면 영원한 하나님의 진노는 어떻겠는가? 느부갓네살의 불같은 분노가 풀무불을 평소보다 일곱 배나 뜨겁게 했기에 세 소년을 그 불 속에 던지러 가까이 다가선 자들을 불태워 버렸다면, 전능하신 하나님의 진노의 불은 얼마나 더 뜨겁겠는가! 실로 그것은 일곱의 일흔 배 이상 더 뜨거울 것이다.

영원한 지옥불 속에서 타야 할 당신은 어떻게 생각하는가? "내가 네게 보응하는 날에 네 마음이 견디겠느냐. 네 손이 힘이 있겠느냐"(겔 22:14). 끝없이 타오르는 불을 견딜 수 있겠는가? 그 날에 당신은 지옥에서 백열화(白熱化)된 쇠 같을 것이며, 당신의 몸과 영혼은 하나님의 맹렬히 복수하시는 불길 속에서 불꽃을 튕기는 쇠같이 가장 뜨거운 풀무불에 들어가게 될 것이다.

하나님께서 그 얼굴을 감추셨을 때, 그분이 깊이 사랑하셨던 종들까지도 징계를 당할 것 같아 통곡하며 자기들의 처지를 탄식했다. 당신은 쏟아지는 하나님의 심판을 어떻게 견딜 것인가? 그때 하나님께서 친히 당신을 벌하실 것이다. 당신의 양심을 통로로 사용하여 당신의 영혼 속에 영원토록 불타는 하나님의 진노를 쏟아 놓으실 것이며, 죄로 가득 찬 당신의 모든 땀구멍을 고통으로 채우실 것이다. 그러면 당신은 죽지 못하는 것이 한이 될 것이며, 눈물을 흘리며 짐승처럼 죽어 잔멸되기를 아무리 바라도 그것을 얻지 못할 것이다.

지금은 당신이 악한 날을 생각지 않고 웃고 즐기며 주님에 대한 두려움을 잊어버릴 수 있다. 그러나 주님께서 당신을 고통의 침상에 던져(계 2:22) 슬픔 중에 돕게 하실(사 50:11) 때, 고함소리와 온갖 불경스러운 말이 유일한 음악이 되며 하나님의 진노의 잔에 부어진 순전한 하나님의 "진노의 포도주"(계 14:13)만이 음료가 될 때 당신은 어떻게 하겠는가? 한마디로 당신의 고통의 연기가 영원토록 솟아오르고 밤낮 쉼이 없을 때, 양심에도 안식이 없고, 뼈도 쉼이 없이 영원토록 가증함과 놀람과 저주와 치욕거리가 될 때 어떻게 하겠는가?(렘 42:18)

죄인이여, 생각해 보라. 당신이 생명 없는 나무토막이 아니라면 지금 생각해 보라. 당신이 지금 어떤 입장에 처해 있는지 생각해 보라. 당신은 지금 파멸 일보 직전이다. 당신과 파멸 사이에는 한 발자국밖에 없다.

당신이 잠자리에 누울 때는 모른다. 그러나 아침이 오기 전에 지옥에 가게 될 수도 있다. 아침에 일어날 때는 알지 못하지만 저녁이 오기 전에 당신이 지옥에 떨어지게 될지도 모를 일이다. 이러한 사실을 감히 무시할 수 있는가? 아무 데도 아프지 않은 것처럼 이 무서운 상태를 계속 유지할 수 있는가?

이것이 당신에게 해당되지 않는 상태라고 믿는다면, 앞 장을 한 번 더 읽어 보고 진실을 보라. 당신에게는 검은 점이 하나도 없는가?

스스로 눈을 가리지 말라. 자신을 기만하지 말라. 막을 수 있을 때 당신의 비참함을 깨달으라.

버림받은 악한 자와 잃어버린 타락자와 진노의 그릇이 된다는 것이 무엇을 의미하는지 생각해 보라. 하나님께서 살아 계시는 한 그 진노의 그릇에 계속 맹렬한 진노의 불을 쏟아 놓으실 것이다. 하나님의 진노는 맹렬하고 삼켜 버리는, 영원히 꺼지지 않는 불이다. 당신이 자신의 길을 살펴보고 참된 회개로 속히 주께 돌아오지 않으면 이러한 형벌을 면하지 못할 것이다.

죄인이여, 당신을 칭찬하는 것만큼 허망한 일은 없다. 이는 당신을 꺼지지 않는 불로 끌어들이는 결과를 초래할 것이다. 당신이 바로 거기에 누워 있어야 함을 살아 계신 하나님께 배우라. 불멸이 사라지고, 불변이 변화되며, 영원이 끝나고, 전능이 더 이상 형벌을 내릴 수 없게 될 때까지 당신은 그곳에서 불에 탈 것이다. 그러나 당신이 성결케 하는 은혜로 새롭게 된다면 그 형벌을 모면할 수 있다.

율법이 위협하고 저주한다

율법이 당신 앞에서 얼마나 두렵게 벼락을 퍼붓는가! 마치 당신을 삼킬 듯이 불을 내뿜는다. 율법의 한 마디 한 마디는 빼든 칼과 같고, 전능하신 하나님의 화살처럼 날카롭다. 그것은 완전을 요구하며, "공의! 공의!"라고 외친다. 당신을 대적하여 피와 전쟁과 상처와 죽음을 선언한다.

당신의 죄를 떠나 피난처로 들어가라. 급히 성소로, 도피성으로 들어가라. 곧 주 예수 그리스도께 피하라. 주님 안에 숨어라. 그러지 않으면 당신은 돌이킬 소망이 끊긴, 잃어버린 자가 될 것이다.

복음도 영원한 형벌을 선고한다

당신이 회개하지 않고 계속 회심하지 않은 상태에 머문다면 복음은 당신이 첫 언약만 범했을 때보다 훨씬 무거운 형벌을 선고하게 될 것이다. 복음에 이런 위협이 담겨 있음이 놀랍지 않은가? 주께서 시온산으로부터 크게 부르짖으시는 것은 두려운 일 아니겠는가?(욜 3:16) 주님의 두려운 말씀을 들으라.

"믿지 않는 사람은 정죄를 받으리라"(막 16:16).

"너희도 만일 회개하지 아니하면 다 이와 같이 망하리라"(눅 13:3).

"그 정죄는 이것이니 곧 빛이 세상에 왔으되 사람들이 자기 행위가 악하므로 빛보다 어둠을 더 사랑한 것이니라"(요 3:19).

"아들에게 순종하지 아니하는 자는 … 하나님의 진노가 그 위에 머물러 있느니라"(요 3:36).

"천사들을 통하여 하신 말씀이 견고하게 되어 모든 범죄함과 순종하지 아니함이 공정한 보응을 받았거든 우리가 이같이 큰 구원을 등한히 여기면 어찌 그 보응을 피하리요"(히 2:2-3).
"모세의 법을 폐한 자도 … 불쌍히 여김을 받지 못하고 죽었거든 하물며 하나님 아들을 짓밟고 …는 자가 당연히 받을 형벌은 얼마나 더 무겁겠느냐"(히 10:28-29).

과연 이것이 사실일까? 이것이 죄인의 비참한 처지일까?

그렇다. 하나님의 살아 계심을 걸고 말할 수 있다. 아직 해결할 여지가 있을 때 눈을 뜨고 보라. 그러지 않으면 당신의 마음이 더욱 굳어져 마침내 당신이 믿을 수 없었던 일을 몸소 당하게 되는 영원한 슬픔을 맛보게 될 것이다. 이러한 사실 앞에서 머뭇거리며 서성거릴 이유가 무엇인가?

죄가 얼마나 당신을 철저히 망쳐 놓았으며, 당신이 영원한 복락을 생각조차 못하도록 당신의 지각을 못 쓰게 만들었는지 모른다!

비참한 일이다. 인간은 얼마나 어리석고 몰지각한가!

나로 하여금 잠자는 자를 두들겨 깨우게 하라. 그 육신 속에 누가 살고 있는가? 그 안에 영혼이 살고 있는가? 이성과 지각을 갖춘 영혼이 살고 있는가? 당신은 단지 무감각한 물건에 지나지 않는 것 아닌가?

당신은 이성이 있는 영혼이면서도 자신이 불멸의 존재라는 사실을 망각할 정도로 동물화되어 멸망할 동물과 자신을 동등하게 여기지 않는가? 앞날의 영원한 상태를 깨달아 알 수 있는 지각을 가진 당신이 어째서 영원히 비참해지는 일을 그토록 경솔히 다루는가? 짐승처럼 이성이 없어서 그런 것이 아니라 이성이 있으면서도 이를 좇지 않으니 짐승보다도 못하다.

불행한 영혼이여, 인간의 영광이요 천사의 친구이며 하나님의 형상이었던, 세상에서 하나님의 대표자가 되었던, 만물 중에 뛰어나 창조자가 지은 모든 것을 통치하던 당신이 관능의 종이 되었단 말인가? 신령하고 썩지 아니하는 성품에 어울리지 않는 흙더미를 쌓으려 하는가? 왜 자신이 어디에서 영원히 살아야 하는지를 생각하지 않는가? 죽음은 눈앞에 있고, 심판자가 문밖에서 기다린다. 조금만 지나면 "시간은 영영 끝나" 버린다. 그런데도 당신은 위험한 상태에 그대로 머물러 있을 것인가? 지금 당장 그때가 들이닥치면 당신은 돌이킬 수 없는 비참한 상태로 떨어지게 된다.

일어나 당신의 가장 긴급한 관심사에 마음을 기울이라. 당신이 지금 어디로 향하고 있는지 말하라.

모든 행동이 멸망으로 한 걸음씩 다가서게 하는 상태로 살기 원하는가? 오늘 밤이라도 당장 당신의 잠자리가 지옥이 될지도 모르는 상태 말이다. 당신에게 이성의 흔적이 조금이라도 남아 있다면 생각하고 돌이켜 진실한 친구의 말에 귀를 기울이라. 하나님께서 비참한 당신의 현 상태를 보여 주셔서 당신이 그 상태를 벗어나 영원히 행복해질 수 있게 해 주실 것이다.

주님의 말씀을 들어 보라. "너희가 나를 두려워하지 아니하느냐. 내 앞에서 떨지 아니하겠느냐"(렘 5:22). 당신은 다가올 진노를 가볍게 생각하는가? 나는 당신이 그것을 가볍게 생각하지 않을 때가 곧 오리라고 확신한다. 심지어 마귀도 믿고 떤다. 그렇다면 당신이 마귀보다 더 마음이 강퍅하단 말인가? 기어이 절벽 끝으로 뛰어가겠는가?

당신은 독사의 구멍에 손을 넣고 장난할 것인가? 코카트리스(cockatrice), 한 번 노려보기만 해도 사람이 죽는다는 전설적인 뱀의 구멍에 손을 넣겠는가? 삼킬 듯한 진노를 피하든 그대로 당하든 상관없다는 듯이 그것을 가지고 장난할 것인가? 회개하지 않은 상태이면서 아무렇지도 않은 듯 무감각하게 고의적인 죄를 짓는 자처럼 정신이 나간 사람은 없다. 대포 구멍에 뛰어들어 피를 흘리거나 자기 목숨을 장난삼아 내던지는 자라 할지라도 죄 가운데 그대로 행하는 자에 비하면 정신이 온전한 자다. "이는 그의 손을 들어 하나님을 대적하며 교만하여 전능자에게 힘을 과시하였음이니라. 그는 목을 세우고 방패를 들고 하나님께 달려드니"(욥 15:25-26). 둘째 사망으로 장난을 치거나 불과 유황으로 타는 못에 뛰어드는 것이 현명한 일이겠는가? 어떻게 이를 표현할 수 있겠는가? 계속 죄 가운데 사는 영혼의 미치광이 짓은 어떤 말로도, 어떤 비유로도 설명할 수 없다.

깨어라, 죄인이여, 일어나서 피하라! 당신이 피할 수 있는 문은 단 하나밖에 없다. 그것은 바로 회개와 거듭남이라는 좁은 문이다. 당신이 거짓 없는 마음으로 자신의 모든 죄에서 돌이켜 예수 그리스도께 나와 그분을 당신의 의가 되시는 주인으로 영접하고 그분 안에서 거룩하고 새로운 삶을 살지 않는다면, 비록 지금은 당신이 지옥에 들어가 있지 않아도 얼마 못 가서 지옥으로 떨어질 것이 명명백백한 사실이다.

그러므로 당신의 처지를 곰곰이 생각하라. 장차 영원한 불행을 당할 것인지, 영원한 복락을 누릴 것인지에 대한 문제를 고려하지 않을 것인가?

회개하지 않은 사람들의 비참함에 대해 다시 한 번 생각해 보라. 주님께서 나를 통해 말씀하시지 않았다면 내 말에 주목하지 않아도 좋다. 그러나 하나님께서 친히 당신 위에 놓여 있는 불행에 대해 말씀하셨다면 당신은 얼마나 아슬아슬한 상태에 처해 있는 것인가! 소위 지각이 있다는 사람이 그런 상태에 있으면서도 어떻게 그 파멸에서 헤어나려 하지 않을 수 있는가?

누가 당신을 꾀었기에 사업의 전망과 위험을 내다볼 줄 알고 파산을 미연에 방지하는 등 세상일에는 현명하게 대처하면서, 영원한 문제에 관해서는 마치 아무 상관도 없는 것처럼 우습게 여기며 등한시하는가? 하나님께서 당신을 대적하시는 것이 무섭지 않은가? 하나님의 은총 없이도 살 수 있는가? 하나님의 손을 피하고 그분의 복수를 참을 수 있겠는가? 피조물이 당신 발밑에서 탄식하고 지옥이 당신을 던지라고 울부짖는데도 안심하고 있는가?

부패의 영향력 아래 살며, 정욕의 쇠사슬에 묶여, 어둡고 악취가 풍기는 감옥에 갇혀서 스스로 파멸하고 있으면서도 아무렇지 않다고 말할 수 있는가? 율법의 온갖 공포와 우렛소리와 저주가 어린아이의 위협으로밖에 들리지 않는가? 지옥과 파멸을 웃어넘길 수 있고, 전능자의 진노의 독배를 약처럼 마실 수 있는가?

대장부답게 허리띠를 졸라 매고 대답하라. 당신은 리워야단처럼 교만의 비늘이 있어 하나님을 대적하는가? 하나님의 화살이 지푸라기 같고 사형틀이 썩은 나무토막 같은가? 당신이 교만의 우두머리가 되어 하나님의 투창을 검불로 여기며 그분이 휘두르시는 창을 비웃겠단 말인가? 하나님의 화살통이 당신 앞에서 덜거덕거리는데도 두려움을 비웃고 겁내지 않으며 하나님의 검과 창과 방패로부터 돌아서지 않겠다는 말인가?

하나님의 위협과 경고의 말씀이 당신을 일깨우지 못한다면 죽음과 심판이 일깨울 것이다. 하나님이 당신에게 진노를 퍼부으시어 당신이 지금 읽는 내용을 실제로 당하게 되면 어떻게 할 것인가? 다니엘의 대적들이 처자와 함께 사자굴에 던져져서 그들이 미처 바닥에 닿기도 전에 사자의 날카로운 이빨이 뼈와 살을 갈기갈기 찢어 버렸다면, 살아 계신 하나님의 손에 빠졌을 때 당신은 어떻게 되겠는가?

하나님과 다투지 말라. 이런 일이 당신에게 하나도 닥치지 않도록 회개하고 회심하라. "너희는 여호와를 만날 만한 때에 찾으라. 가까이 계실 때에 그를 부르라. 악인은 그의 길을, 불의한 자는 그의 생각을 버리고 여호와께로 돌아오라. 그리하면 그가 긍휼히 여기시리라. 우리 하나님께로 돌아오라. 그가 너그럽게 용서하시리라"(사 55:6-7).

06
회개하지 않은 사람들에게 주는 교훈

　　　　당신이 이 교훈을 읽기 전에 충고하겠다. 나는 하나님과 그분의 천사들 앞에서 당신이 이 교훈을 좇기로 결심할 것을 엄히 명한다. 하나님의 말씀이 당신의 상태에 대해 조명해 주는 모든 것을 양심껏 좇기 바란다. 그런 다음 그 교훈이 효력을 발휘하도록 주님의 도우심과 축복을 구하라. 내가 당신에게 옳은 교훈을 주기 위해 하나님의 말씀을 의지했듯이, 당신 역시 하나님의 말씀이 요구하는 두려움과 경외함과 순종의 마음으로 이를 대해야 한다. 무엇보다 다음 구절에 유의하라. "내가 오늘 너희에게 증언한 모든 말을 너희의 마음에 두고 … 이는 너희에게 헛된 일이 아니라. 너희의 모든 생명이니"(신 32:46-47). 내가 지금까지 말한 것은 당신의 마음을 하나님께로 돌이키려는 목적에서 비롯되었다. 나는 당신이 장차 받을 영원한 형벌에 대해 공연히 말한 것이 아니라 당신이 그것을 듣고 그것으로부터 탈출할 수 있게 하려고 했다. 당신에게 현재의 불행을 없앨 해결책이 하나도 없다면 차라리 그대로 내버려 두어 이 세상에서만이라도 안개와 같은 위안을 누리도록 놓아두는 것이 오히려 자비로운 처사일 것이다. 하지만 당신이 고의적으로 문제 해결을 기피하지 않는다면 분명 행복하게 될 것이다.

당신 앞에 문을 열어 놓았으니 일어나서 들어오라. 나는 당신 앞에 생명의 길을 제시하고 있다. 그 길로 걸어가라. 그러면 죽지 않고 살 것이다. 하나님과 사람들이 함께 울부짖는데도 죄인들이 자멸하려 하고 몸을 곤두박질쳐서 죽으려는 것을 보며 나는 비탄을 금할 길이 없다. 불경한 사람들이 파멸하는 것은 순전히 의도적이다. 그들을 지으신 하나님은 바울이 자살하려는 간수에게 "네 몸을 상하지 말라"(행 16:28)고 한 것처럼 외치고 계신다. 그리스도의 사역자들이 그들에게 경고하고, 그들을 따라가며, 그들이 돌아오는 것을 기쁘게 맞이하는데도 그들은 어떤 간청이나 충고도 받아들이지 않고 비참한 가운데 자신을 파멸의 구덩이로 던져 버리니 얼마나 슬픈 일인가!

예컨대 어떤 전염병이 만연할 때 가장 치명적인 환자까지 고칠 약이 충분히 있는데도 사람들이 그 약을 사용하지 않아서 수

백 명씩 죽어 간다면 그 누가 슬퍼하지 않겠는가.

당신의 얼굴에 사망의 그늘이 아무리 짙게 덮였을지라도 나에겐 그 병을 틀림없이 고칠 처방이 있다. 다음의 교훈을 좇으라. 당신이 그것을 좇은 후에도 천국을 얻지 못한다면 기꺼이 내가 당신 대신 천국을 잃어버릴 것이다. 그러므로 회개하고 구원을 얻기 위해 다음의 충고를 들으라.

회개하지 않으면 천국에 들어갈 수 없다

그리스도 외에 당신을 구원할 분이 또 어디 있는가? 그분은 당신이 중생하고 회개하지 않는 한 절대로 구원하지 않는다고 말씀하신다. 그분이 천국 열쇠를 가지셨는데 그분의 허락 없이 어떻게 천국에 들어갈 수 있겠는가? 참되고 바른 회개 없이 당신의 자연 상태 그대로 천국에 들어가려는 것은 그분의 허락 없이 천국에 들어가려는 것과 같은 일이다.

죄를 철저히 깨닫는 데 힘쓰라

사람이 죄에 눌리고, 죄로 괴로워하고, 죄에 환멸을 느끼기 전에는 그리스도께 고침을 받으러 오지도 않고 "어찌 해야 합니까?"라고 울부짖는 일도 없다. 그가 생명을 얻기 위해 그리스도께 나아오려면 먼저 자신이 죽어 있다는 사실을 깨달아야 한다.

그러므로 당신의 모든 죄를 주님 앞에 내놓을 수 있도록 노력하라. 그것을 보는 일을 두려워하지 말라. 온 마음을 기울여 부지런히 죄를 찾아내라. 당신의 마음과 생활을 샅샅이 뒤지라. 자신과 자신의 삶 전체를 철저하게 조사하여 전모(全貌)를 밝히라. 자신과 자신의 길을 상세하게 파악하라.

그리고 이 일을 하면서 자신의 무기력함을 깨닫고 성령의 도우심을 구하라. 성령께서는 죄를 깨닫게 하는 일을 하신다. 당신의 양심 앞에 모든 죄를 마음과 눈에서 눈물이 나올 때까지 펼쳐 놓으라. 죄를 깨달은 간수가 "내가 어떻게 하여야 구원을 받으리이까?"(행 16:30)라고 외쳤던 것처럼 당신이 죄를 깨달을 때까지 하나님과의 씨름을 그치지 말라. 이를 위하여 구체적으로 다음과 같이 해 보라.

당신이 지은 죄의 양에 대하여 묵상하라

다윗도 이를 숙고했을 때 마음이 산란해졌으며, 자기 죄가 자기 머리털보다 더 많다고 생각했다. 그래서 그는 하나님의 무한한 긍휼하심에 호소했다. 추한 시체에 구더기가 득실거리는 것처럼 성화되지 않은 영혼에는 더러운 정욕이 꿈틀거린다. 머리, 마음, 눈, 입 할 것 없이 모두 정욕으로 가득 차게 된다.

과거를 돌아보라. 어느 때, 어느 곳에서든 죄 없이 지낼 수 있없는가? 당신의 마음속을 들여다보라. 당신의 몸 어느 부분이 죄에 물들지 않았다고 내놓을 수 있으며, 당신이 한 일 가운데 그 독에 물들지 않은 것이 어디 있는가? 당신의 빚은 또 얼마나 많은가! 당신은 지금까지 빚으로 살아 왔고, 한 푼도 갚지 못했으며, 앞으로도 갚지 못할 것이다.

당신이 가진 죄의 성품과 거기서 파생되어 나온 갖가지 허물을 보라. 당신의 온갖 죄, 즉 소극적인 죄와 적극적인 죄를 보라. 마음으로 범한 죄, 말로 범한 죄, 행동으로 범한 죄, 청소년기의 죄와 장년기의 죄를 보라. 장부를 들여다보기 두려워하는 파산자처럼 굴지 말고 양심의 기록을 조심스럽게 읽어 나가라. 그 장부는 어차피 공개되어야 한다.

당신의 죄가 얼마나 악독한지 묵상하라

죄는 하나님과 당신의 영혼의 철천지원수요, 한마디로 모든 인류의 공적(公敵)이다. 다윗, 에스라, 다니엘, 선한 레위인이 자신들의 죄가 하나님과 그분의 선하고 의로운 율법을 거스르고, 그분의 긍휼과 경고를 무시한 것을 보며 얼마나 괴로워했는가? 죄가 이 세상에서 얼마나 엄청난 일을 저질렀는지 생각해 보라.

죄는 사망을 끌어들인 원수다. 죄는 인간을 노략질하는 노예로 만들었다. 이 세상을 뒤집어 놓았다. 인간과 피조물, 인간과 인간, 아니 인간 자신을 분열시켜 이성 대신 동물적 본능을, 의지 대신 심판을, 양심 대신 욕망을 주고, 더 나아가 하나님과 사람 사이에 균열을 초래하여 하나님께서 죄인을 증오하시게 했으며 죄인도 하나님을 증오하게 만들어 놓았다.

이러한 죄를 가볍게 보아 넘길 수 있는가? 하나님 얼굴에 침을 뱉고, 손에 못자국을 내고, 옆구리에 창자국을 내며, 그분의 영혼을 억누르고, 그분의 몸을 갈기갈기 찢으며, 그분을 완전히 결박하고, 정죄하고, 못 박고, 십자가에 죽이고, 사람들 앞에서 욕보인 배신자는 다름 아닌 바로 죄다. 이는 가공할 만한 독소를 지니고 있어 단 한 방울만 인류의 뿌리에 떨어져도 전 인류를 타락시키고, 썩게 하고, 나아가 멸망의 구렁텅이로 몰아넣는다. 이것이 곧 선지자를 죽이고, 순교자를 화형시키고, 모든 사도를 살해하고, 모든 방백과 왕과 주권자를 죽인, 피에 굶주린 사형 집행자다.

또한 죄는 도시를 파괴하고, 제국을 삼키고, 모든 나라를 멸망시켰다. 어떤 무기를 사용했든 결과적으로 죄가 그렇게 한 것이다. 아직도 당신은 죄가 아무것도 아니라고 생각하는가? 아담 이후로 죽은 모든 인간을 무덤 밖으로 파내어 하늘에 닿도록 쌓아 놓고 그들의 피를 흘리게 한 원흉을 찾는다면, 바로 죄라는 사실을 알게 될 것이다.

죄를 두려워하고 미워하게 될 때까지 죄의 본성을 연구해 보라. 그리고 당신이 지은 죄가 얼마나 악독한 것인지 묵상해 보라. 당신은 하나님의 모든 경고를 무시하고 죄를 지었으며, 자신이 한 기도와 긍휼과 정정(訂正)과 광명한 빛과 넘치는 사랑과 결심과 약속과 맹세와 순종의 언약을 무시하고 범죄하지 않았는가! 이 여러 가지 죄가 당신의 마음을 책망케 하라. 그러면 당신은 아마도 부끄러워 얼굴이 붉어질 것이며, 죄에 대해 더 이상 호감을 갖지 않게 될 것이다.

죄의 당연한 보응에 대하여 묵상하라

죄는 하늘을 향해 울부짖으며 복수를 요구한다. 죄의 삯은 사망과 파멸이다. 죄는 영육 간에 하나님의 진노를 가져온다. 아무리 보잘것없는 말이나 생각에서 오는 죄라도 하나님의 영원하신 진노를 면할 수 없다. 당신이 지은 수많은 죄의 대가로 얼마나 무거운 진노와 저주와 보응의 짐이 마련되는지 모른다! 그러므로 하나님의 심판을 모면하려거든 스스로 심판하라.

죄의 더러움과 추악성을 묵상하라

이것은 마치 지옥처럼 깜깜하며, 영혼 위에 수놓인 사탄 자신의 모습이다. 당신의 성품이 그와 같이 일그러진 것을 보면 소름이 끼칠 것이다. 죄만큼 더러운 것이 없고, 죄만큼 악취를 풍기는 전염병이나 한센병도 없을 것이다. 당신은 그런 죄 가운데 빠져서, 정결하고 거룩하고 영광스러운 하나님의 눈에 가장 비루한 물질보다 더 불쾌하게 여겨지고 있다.

당신은 두꺼비를 가슴에 안고 애지중지할 수 있는가? 당신이 예수님의 보혈과 새롭게 하시는 은혜의 능력으로 정결해지기 전에는 하나님의 완전하고 순결하신 성품 앞에서 두꺼비처럼 구역질나는 존재밖에 될 수 없다. 그중에서도 특히 다음의 2가지 죄를 생각하라. 첫 번째는 당신 마음속에 있는 죄다. 부패의 근원을 그대로 두고 가지만 자르는 것은 아무 소용이 없다. 물의 근원을 막지 않으면 물줄기를 없앨 수 없는 것과 같은 이치다. 다윗의 본을 따라 회개의 도끼로 죄의 뿌리를 잘라 버리라. 당신의 육신이 얼마나 깊이, 전적으로 타락했으며 얼마나 보편화되었는지 깨달을 때, 당신도 바울처럼 사망의 몸에 대해 탄식할 것이다. 고질적이고 깊이 뿌리박힌 죄의 흉악성에 대해 철저하게 깨닫기 전까지는 결코 마음이 온전하게 깨질 수 없다. 이 사실을 깊이 명심해야 한다. 온갖 선에 대해 뒷걸음질 치고, 악을 행하는 데는 빠른 당신의 습성이 바로 여기서부터 나온 것이다.

죄가 당신의 마음속에 흑암과 교만과 편견과 불신을 주고 있으며, 당신의 의지에 고집과 적의와 변덕을 심어 주고, 당신의 감정에 터무니없는 격정과 냉정을 주고, 양심에 무감각과 불성실을 주며, 기억을 망각시키고 있다. 다시 말해 죄는 당신 영혼의 모든 질서를 파괴해 버리고, 거룩한 처소를 불의가 우글거리는 지옥으로 전락시켜 버린다. 당신의 지체를 더럽게 변절시키고 불의의 병기로 만들어 죄의 종이 되게 만든 것이 바로 이 죄다. 당신의 머리는 육적이고 부패한 생각으로 가득 채워져 있고, 당신의 손은 죄를 범하는 습성에 젖어 있고, 눈은 방황하고 방일(放逸)하며, 혀는 무서운 독소를 머금고 있다.

이것이 곧 지저분한 이야기들과 아첨과 음담엔 귀를 기울이면서 생명의 가르침에는 귀를 막게 하고, 당신의 마음을 온갖 살인적인 망상의 욕된 본거지로 만들어, 샘에서 물이 솟아나고 성난 바다가 흙탕물을 내뿜듯이 끊임없이 악독을 쏟아내게 한다. 그런데도 당신은 자기 자신을 사랑하며 자신의 마음이 깨끗하다고 말할 수 있겠는가? 에브라임처럼 자신에 대해 슬퍼할 때까지 당신 마음의 근원적인 부패와 가망 없는 병폐에 대해 묵상하라. 그리고 깊이 탄식하고 부끄러워하며 세리처럼 가슴을 치고 욥과 같이 먼지와 재 속에 앉아 애통하며 회개하라.

두 번째로 당신이 생각해야 할 것은 당신이 가장 자주 범하는 죄악이다. 그 죄들의 흉악성에 대해 자세히 알아보라. 그리고 그에 대한 하나님의 경고를 깊이 생각하라. 회개는 우리 죄를 송두리째 뽑는 역할을 하지만 그중에서도 특히 우리가 사랑하는 특정한 죄에 화살을 명중시켜 뽑아 버린다. 그러므로 그러한 죄를 경멸하고 몇 배의 경계와 결심을 더하기 바란다. 그런 죄야말로 하나님께 가장 욕된 것이며, 동시에 당신에게는 가장 위험한 것이기 때문이다.

현재의 비참함을 절감하라

앞 장을 반복하여 읽고, 내용을 마음속에 아로새기라. 잠자리에 누울 때에는 지옥불 속에서 잠이 깨어날 것을 생각하고, 깨어날 때에는 다음 잠자리를 지옥에 펼 것을 생각하라. 그와 같이 두려움 가운데 사는 것과 무저갱의 가장자리에서 비틀거리는 것, 한번 병들면 곧장 불못 속에 떨어지게 할지 모르는 병마가 들끓는 가운데 사는 것이 당신에게는 아무것도 아닌가?

맹렬하게 타오르는 느부갓네살의 풀무불 위에서 언제 끊어질지 모르는 한 오라기 실에 매달려 있는 죄수를 생각해 보라. 마음이 두렵지 않은가? 그 죄수가 바로 당신이다. 이 책을 읽고 있는 중에도 아직 회개하지 않았다면 당신이 남자든 여자든 상관없이 이 처지에 있는 것이다.

당신의 생명줄이 끊어진다면(언제일지 모르며 다음 순간에라도 얼마든지 있을 수 있는 일이다) 어디로 떨어지겠는가? 어디로 **빠지겠는**

가? 진실로 말하건대 당신이 회개 없이 죽는다면 하나님이 존재하시는 한 당신은 불과 유황으로 타는 불못에 떨어져 그곳에 머물게 될 것이다.

이 사실을 읽으며 두렵지 않은가? 눈물이 이 책을 적시며 심장이 뛰지 않는가? 손으로 가슴을 치며 어떤 변화가 있어야 하겠다고 부르짖지 않겠는가? 당신의 심장은 무엇으로 만들어졌는가? 하나님에 대한 모든 관심뿐 아니라 자신에 대한 사랑과 동정심마저 잃어버린 것인가?

물에 빠진 자가 구조선을 기다리고 부상당한 자가 의사를 고대하듯, 간절한 마음으로 그리스도를 향하여 부르짖을 때까지 당신 자신의 비참함에 대하여 생각해 보라. 사람이 먼저 자신의 위험한 처지를 깨닫고 치명적인 질병과 상처를 느끼기 전까지 그리스도는 무익한 의사일 수밖에 없다.

옛날에 살인자는 복수자를 피하기 위해 도피성으로 피신했다. 그러나 인간은 강요하고 재촉해야 겨우 자기 자신을 벗어나 그리스도께 온다. 탕자도 심한 궁핍과 고통을 겪고야 비로소 돌아갈 마음을 갖게 되었다. 라오디게아교회가 스스로 부하다 하고 부족한 것이 없다고 생각할 때는 아무런 소망이 없었다. 자신의 비참한 모습과 눈먼 것과 가난과 헐벗음을 깨달은 사람만이 그리스도께 나아와 금과 흰 옷과 안약을 받을 수 있다(계 3:17-18).

그러므로 양심의 눈을 크게 뜨고 당신의 비참함을 되도록 크게 확대하라. 그것이 큰 공포를 줄 것이라는 두려움 때문에 피하면 안 된다. 당신의 비참함을 깨닫는 것은 치료를 위해 상처를 발견하는 것과 같은 것이다. 당신을 기다리고 있는 고통에 대해 지금 두려워하는 것이 훗날 그것을 실제로 당하는 것보다 낫다.

당신을 향한 도움

당신을 향한 도움은 당신과 당신의 행위가 아닌 외부에서 온다. 기도나 성경 읽기나 말씀을 듣는 것이나 죄를 자백하는 것이나 행실을 고치는 것 자체가 치유를 가져오리라고 생각지 말라. 물론 이런 것 모두가 필요하지만 그것으로 끝난다면 당신은 전혀 가망이 없다. 당신이 예수 그리스도 외에 다른 구명줄에 의지하여 물속에 침몰하는 것을 피하려 한다면 당신은 잃어버린 사람이다. 당신의 모든 지식을 버리고, 당신의 지혜와 의와 힘을 포기하고, 자신을 전폭적으로 그리스도께 내맡기라. 그러지 않고서는 결단코 멸망을 피하지 못할 것이다.

자신을 신뢰하고, 자기 의를 쌓고, 육신을 믿는 한, 사람들은 그리스도 앞에 나와 구원을 받지 못할 것이다. 당신이 자신에게 유익한 것을 무익한 것으로, 힘을 무기력으로, 의를 걸레와 썩은 것으로 여겨야만 그리스도와 당신 사이가 가까워진다.

생명력이 없는 시체가 스스로 수의를 벗어버리고 죽음의 결박을 풀 수 있는가? 그렇다면 당신도 죄와 허물로 죽은 자신을 회복시킬 수 있을지 모른다. 그러나 현재 상태로 하나님을 섬기는 것은 불가능하다. 그러므로 당신이 이 책에서 말하는 충고를 이행하려 하거나, 기도와 묵상을 하려 한다면, 당신 자신의 힘으로는 하나님을 기쁘게 해 드릴 가망이 전혀 없음을 깨닫고 성령의 도우심을 요청해야 한다. 동시에 당신의 의무는 계속 이행하라. 에티오피아의 내시가 말씀을 읽고 있을 때 성령께서 빌립을 그에게 보내신 것을 상기하라(행 8:26-39). 제자들이 기드하고 고넬료와 그 친구들이 말씀을 듣고 있을 때 성령께서 그들 위에 내려 충만케 하셨음을 기억하라(행 10:1-8).

당신의 모든 죄를 버리라

어떤 죄든 당신이 그것에 굴복한다면 당신은 가망이 없다. 당신이 불의에서 떠나지 않는다면 그리스도를 통하여 생명을 얻는다는 소망도 헛되다. 죄를 버리라. 그러지 않으면 당신은 긍휼히 여김을 얻지 못할 것이다. 죄와 이혼하지 않고는 그리스도와 결혼할 수 없다. 반역자를 버리지 않으면 천국과 화평할 수 없다.

당신의 무릎 위에 들릴라를 앉히지 말라. 죄와 작별하거나 영혼과 작별하거나 둘 중 하나를 택하라. 죄 중 어느 것 하나라도 보류시킨다면 하나님께서 당신을 용납하시지 않을 것이다. 당신의 죄는 송두리째 죽어야 한다. 그렇지 않으면 당신이 대신 죽는다. 단 하나의 아주 작고 은밀한 죄일지라도 당신이 그것을 용납한다면 당신의 영혼은 그 죄를 살려 준 대가로 죽어야 한다. 그 죄에 대해 수백 가지 구실과 변명을 해도 소용없다. 그러니 죄의 삯이 참으로 엄청나지 않은가?

죄인이여, 듣고 생각해 보라. 당신이 죄를 버린다면 하나님께서 당신에게 그리스도를 주실 것이다. 이 얼마나 놀라운 교환인가! 나는 당신에게 당당히 증언한다. 당신이 멸망한다면 그것은 당신을 위하여 목숨을 버리신 구주가 없어서가 아니라 당신이 유대인들처럼 구주보다 살인자를, 그리스도보다 죄를, 빛보다 어두움을 더 사랑했기 때문이다. 그러므로 유대인들이 유월절 전에 누룩을 없애고자 온 집 안을 뒤졌듯이 당신 마음에 등불을 켜고 샅샅이 뒤져 보라. 당신의 죄를 힘써 찾으라. 골방에 들어가서 당신이 과연 어떤 죄악 속에서 살아왔는지 깊이 생각하라.

하나님에 대한 어떤 일을 게을리했는가? 형제에게 어떤 죄악을 저질렀는가? 요압이 창끝으로 압살롬의 심장을 꿰뚫었듯이 당신 죄의 심장부를 날카로운 창으로 찌르라. 당신의 죄를 가만히 보고 있거나 그 조각을 혀 위에서 이리저리 굴리지 말고 독약을 대하듯 두려움과 증오를 가지고 내뱉어 버리라.

도대체 죄가 당신에게 어떤 도움을 주기에 그리도 버리기 싫어하는가? 죄는 당신에게 아첨할 것이며, 당신을 기쁘게 해 주는 체하면서 파탄을 가져오며, 독소를 뿜으며, 당신을 향하여 하나님의 영원하신 공의와 진노를 쌓아 올릴 것이다. 죄는 당신을 위하여 지옥문을 열고 당신을 태울 연료를 저장한다. 당신을 위한 교수대까지 만들어 놓았다. 그러므로 당신은 죄를 하만처럼 대접하여, 당신을 위해 꾸며 놓은 모든 궤계를 그가 대신 받게 해야 한다. 죄를 처벌하라. 죄를 십자가에 못 박고, 그리스도를 당신의 유일한 주인으로 영접하라.

하나님을 선택하라

하나님을 선택하여 당신의 몫과 축복을 받으라. 온갖 헌신과 존경을 다하여 주님을 인정함으로 하나님을 기쁘시게 하라. 당신은 한 손에 세상의 모든 영광과 거짓과 염문과 향락과 출세를, 다른 손에는 하나님의 무한하신 탁월함과 완전하심을 올려놓고 신중한 양자택일의 결단을 내려야 한다.

하나님 안에서 안식을 얻으라. 그분의 그늘 아래 앉으라. 저울의 눈금이 온 세상을 이기고 하나님의 약속과 완전함 쪽으로 기울어지게 하라. 하나님께서 모든 부족함을 채워 주신다는 사실과 하나님 안에서 사는 삶은 결코 비참하지 않으리라는 사실을 확신하라. 하나님을 당신의 방패와 엄청난 상으로 삼으라. 하나님만이 온 세상보다 귀하다. 오직 하나님만으로 만족하라. 다른 사람들이 이 세상의 영화와 부귀를 취할지라도 당신만은 하나님을 기쁘시게 하고 그분의 존전에서 행복을 누리라.

불쌍한 죄인이여, 당신은 하나님에게서 떨어져 그분의 권능과 진노를 쌓고 있다. 그러나 하나님께서는 당신에게 주시는 풍성하신 은혜로 그리스도를 통하여 다시 당신의 하나님이 되고자 하신다. 어떻게 하겠는가? 주님을 당신의 하나님으로 모시겠는가? 그리스도를 통하여 하나님께 나아오라. 그리고 당신의 향락과 이익과 명성의 우상을 모두 버리라. 이 모든 것을 보좌에서 끌어내리고, 하나님의 권익을 마음속 가장 깊은 곳에 두라. 주님을 하나님으로 모시고, 그분을 가장 사랑하며, 인생의 가장 큰 목적으로 삼으라. 주님은 그 누구도 그분의 보좌보다 높은 곳에 앉는 것을 용납하시지 않는다. 주님과의 모든 개인적 관계 안에서, 주님의 본질적인 완전성 안에서 주님을 영접해야 한다.

주님과의 모든 개인적 관계

당신은 하나님 아버지를 당신의 아버지로 모셔야 한다. 탕자와 같이 주님께 나아오라. "아버지여, 내가 하늘과 아버지께 죄를 얻었사오니 지금부터는 아버지의 아들이라 일컬음을 감당치 못하겠나이다. 그러나 아버지는 놀라운 긍휼로 가장 악독하고 짐승과 다름없는 저를 기꺼이 자녀로 받아 주셨습니다. 저는 이제 주님을 아버지로 모시고, 저를 아버지께 맡기며, 주님의 섭리를 신뢰하며, 저의 짐을 아버지 앞에 내려놓습니다. 저는 이제 아버지께서 공급해 주시는 것에 의존하며, 아버지의 징계에 순복하며, 아버지의 날개 그늘 아래 쉬며, 아버지의 방에 숨으며, 아버지의 이름을 의지합니다. 저 자신을 신뢰하던 모든 것을 버리고 아버지를 신뢰하는 가운데 편히 쉬겠습니다. 아버지와의 약속을 단언하며, 이후부터는 다른 사람을 위해서가 아니라 아버지만을 위해 살겠습니다."

당신은 그리스도를 당신의 구주와 구속자와 의로 받아들여야 한다. 또한 아버지께 나아갈 유일한 길과 생명을 얻는 유일한 방편으로 받아들여야 한다. 그러므로 죄수의 옷을 벗으라. 혼인 예복을 입고 그리스도와 결혼하라. "오, 주여, 저는 주님의 것입니다. 제가 가진 모든 것, 제 몸과 영혼과 재산이 전부 주님의 것입니다. 주님께 제 마음을 드립니다. 저는 나눠질 수 없는 주님의 소유요, 영원토록 주님의 것입니다. 주님이 계시지 않는 동안 저의 모든 소유물에 주님의 이름을 붙이고 주님께 모두 드려 오직 주님을 위해서만 사용하겠습니다. 저를 지배했던 다른 주인이 있었지만 이제부터 주님의 이름만 부르고 그 모든 것보다 주님을 섬기고 경외할 것을 약속하며 충성을 다할 것을 맹세합니다. 저 자신의 의를 버리고 저 자신의 행위나 은혜로는 죄사함을 받고 구원을 얻을 수 없음을 깨달아, 하나님 앞에서 죄사함과 생명을 얻고 열납되기 위하여 완전한 주님의 제사와 중보만을 전적으로 의뢰합니다. 주님을 저의 유일한 인도자와 훈계자로 모시며 주님께 인도받기를 결심하고 주님의 권고만을 기다립니다."

마지막으로 당신은 성령님을 성결케 하시는 분으로, 변호사로, 모사로, 보혜사로, 무지를 깨우쳐 주시는 교사로, 당신 기업의 보증인으로 받아들여야 한다. "북풍아 일어나라. 남풍아 오라. 나의 동산에 불어서 향기를 날리라"(아 4:16). "지극히 높으신 분의 성령이시여, 오소서. 여기 주님이 거하실 성전이 있습니다. 여기에 오셔서 영원토록 쉬며 내주하여 주소서. 저의 소유를 하나도 빼놓지 않고 주님께 드립니다. 마음의 모든 열쇠를 주님께 드리니 받아 주소서. 모든 것을 주님이 사용하실 수 있도록 맡깁니다. 저의 모든 지체와 재능을 드리오니 의의 사역을 위한 도구로 하늘에 계신 아버지의 뜻을 이루는 데 사용하옵소서."

주님의 본질적인 완전성

주님께서 말씀을 통하여 어떻게 자신을 계시하셨는지 생각해 보라. 당신은 계시된 대로 주님을 하나님으로 마음에 모셨는가?

인류에게 가장 기쁜 소식이 여기에 있다. 주님의 모든 완전성을 그대로 받아들이기만 하면 주님은 우리의 하나님이 되신다는 것이다. 그런데도 당신은 자비롭고 은혜로우시며 죄를 용서하시는 하나님을 당신의 하나님으로 모시지 않겠는가? 죄인이여, "그렇게 하겠습니다. 그러지 않으면 저는 멸망할 수밖에 없습니다."라고 외치라.

하나님께서는 더 나아가 이렇게 말씀하신다. "나는 거룩하고 죄를 미워한다. 너희가 나의 백성이 되려면 거룩해야 한다. 마음도 거룩하고 생활도 거룩해야 한다. 또한 모든 불의를 버려야 한다. 너희가 그것을 아무리 사랑해도, 아무리 그것이 몸에 배어 있어도, 세상에서의 관계를 유지하기 위해 필요해도 버려야 한다. 너희가 죄와 원수지지 않는 한 나는 너희 하나님이 될 수 없다. 누룩을 버려라. 너희 행위 가운데 악을 제하라. 악을 버리고 선을 행하라. 나의 적을 끌어내라. 그러지 않고는 너희가 나와 평화를 누릴 수 없다."

이에 대해 당신의 마음은 무엇이라 말하는가? "주여, 주님이 거룩하신 것처럼 저도 거룩하기 원합니다. 주님의 거룩하심에 참예하는 자가 되기를 원합니다. 주님의 선하심과 자비하심, 그리고 거룩하심과 순결하심을 인해 주님을 사랑합니다. 저는 주님의 거룩하심을 행복의 근원으로 삼습니다. 주여, 제 성결한 생의 근원이 되옵소서. 저에게 성결의 인(印)을 쳐 주옵소서. 주님 명령에 따라 기쁜 마음으로 모든 죄에서 떠나겠습니다. 이제부터 제가 고의로 범하던 죄를 버립니다. 그리고 육신이 연약하여 범하던 죄도 계속 싸워서 물리치겠습니다. 저는 그들을 미워하며, 그들에 대항할 수 있도록 기도하며, 그들이 결코 제 영혼 가운데서 안식을 누리지 못하게 하겠습니다." 누구든지 주님을 이렇게 영접하면 주께서 그의 하나님이 되실 것이다.

하나님께서는 다시금 이렇게 말씀하신다. "나는 전능한 하나님이다. 내 발아래 모든 것을 내려놓고 맡기며, 나만을 너의 분깃으로 삼지 않겠느냐? 너는 나의 전능함을 인정하고 그것을 존중하느냐? 나를 너의 행복과 보배와 소망과 축복으로 받아들이겠느냐? 나는 태양이고 방패다. 네가 가진 모든 것을 주고 나를 얻지 않겠느냐?"

여기에 당신은 어떻게 답하겠는가? 당신의 영혼은 애굽의 파와 고기 가마에 미련을 두고 있는가? 이 세상의 쾌락을 버리고 하나님의 분깃만을 얻기 싫은가? 오직 하나님만 모신다는 생각을 해 본 적이 없는가? 하나님께서 허락하신다면 끝까지 이 세상을 붙들고 있기 원하는가? 이것은 무서운 징조다.

당신이 값진 진주를 위해 기꺼이 모든 것을 버리고 진정으로 다음과 같이 대답할 수 있다면 그대로 주님을 영접하라. 그러면 주님은 당신의 하나님이 되실 것이다. "주여, 저는 하나님의 분 깃 외에 아무것도 원하지 않습니다. 저의 곡식과 포도주와 기름을 필요한 사람이 가져가게 하옵소서. 제가 주님의 얼굴에서 발하는 빛을 얻을 수 있게 하옵소서. 저는 주님에게서만 행복을 찾겠나이다. 기쁘게 저 자신을 드리며 주님을 의뢰합니다. 주님 안에서 소망을 가지며, 주님 안에서 안식을 얻습니다. 주여, 제게 말씀하옵소서. 나는 너의 하나님이요 너의 구원자라고 말입니다. 그러면 저는 족하겠나이다. 제가 구하는 것은 그것뿐입니다. 저는 주님만을 구하고 다른 아무것도 구하지 않습니다. 제가 주님을 분명히 발견하게 하옵소서. 다만 제가 자녀의 명분을 얻고 이를 주장할 수 있게만 하옵소서. 그 밖의 것은 주님의 뜻대로 하옵소서. 제게 적게 주시든, 많이 주시든, 또 전혀 주시지 않든, 어느 정도만 주시든 상관 없습니다. 저는 주님만으로 만족합니다."

또다시 하나님께서는 이렇게 말씀하신다. "나는 대주재다. 네가 나를 하나님으로 모시기 원한다면 나의 주권을 인정해야 한다. 너는 나를 죄나 이 세상 관심사보다 낮은 자리에 두어서는 안 된다. 나의 백성이 되기 원한다면 나의 통치권에 들어와야 한다. 쾌락을 위해 살면 안 된다. 나의 멍에를 메겠느냐? 나의 통치권을 인정하겠느냐? 나의 훈계와 말씀과 매에 순종하겠느냐?" 이 말에 당신은 어떻게 답변하겠는가? "주여, 저는 제 뜻대로 살기보다 주님의 명을 받고 살기 원합니다. 제 뜻대로 마옵시고 주님의 뜻대로 하옵소서. 저는 주님의 율례를 인정하고 동의하며 그 아래 있는 것을 특권으로 여깁니다. 비록 육신이 종종 반역하여 그 굴레를 벗어나지만, 저는 하나님 외에 다른 주를 모시지 않기로 결심했습니다. 저는 기꺼이 주님의 주권을 인정할 것을 맹세합니다. 주님을 저의 통치자로 받아들이고, 평생 동안 주님께 예배하고 순종하며 주님을 사랑하고 섬기며 살기 바랍니다." 이것이 곧 하나님을 영접하는 옳은 자세다.

요컨대 하나님께서는 이렇게 말씀하신다. "나는 참되고 신실한 하나님이다. 나를 너의 하나님으로 모시기 원한다면 먼저 나를 믿어야 한다. 내 말에 너 자신을 맡기고 나의 신실함을 의지하며 내게 속하는 것을 너의 안전으로 간주하겠느냐? 가난과 비난과 환난이 닥쳐와도 기꺼이 나를 좇으며 다음 세상에서 보상받을 때까지 기다리겠느냐? 의로운 자들의 부활로 보답받을 때까지 기다리며 수고하고 애쓰겠느냐? 나의 약속이 늘 즉각 성취되는 것은 아니다. 그래도 너는 참고 기다릴 수 있겠느냐?"

당신은 이에 대해 무엇이라 답하겠는가? 이런 하나님을 당신의 하나님으로 모시고 싶지 않은가? 당신은 믿음으로 사는 데 만족하며, 하나님께서 눈에 보이지 않는 행복과 눈에 보이지 않는 천국과 눈에 보이지 않는 영광을 주실 것을 신뢰하지 않겠는가? 당신의 심령은 이렇게 대답하기를 원치 않는가? "주여, 저 자신을 주님께 의탁합니다. 저를 주님께 맡기며 주님께 드립니다. 제가 의뢰하는 분이 어떤 분인지 잘 압니다. 저는 주님의 말씀을 신뢰합니다. 저의 재산보다 주님의 약속을 더 소중히 여기고 이 세상의 모든 향락보다 천국의 소망을 더 귀하게 여깁니다. 저는 주님이 기뻐하시는 것을 하기 원합니다. 주님의 뜻에 순종하여, 천국에 대한 주님의 신실한 약속만 갖기 원합니다."

당신이 이렇게 믿음과 자원하는 마음으로 하나님을 영접하면 하나님은 당신의 하나님이 되실 것이다. 하나님께 참되게 회개하려면 그분의 완전성을 시인하며 영접하는 것이 필수조건이다. 하나님의 긍휼을 바라면서도 죄를 사랑하며 성결과 정결을 증오하거나, 하나님을 구세주로 받아들이지만 주권자로는 받아들이지 않거나, 후원자로는 받아들이면서 자신의 분깃으로는 받아들이지 않는다면, 이는 완전하고 건전한 회개가 아니다.

주 예수님을 영접하라

주 예수님을 영접하고, 그분의 모든 직무를 시인하라. 오직 이런 조건에서만 그리스도를 모실 수 있다. 죄인은 스스로를 망쳐 버렸고, 도저히 벗어날 길이 없는 가장 비참한 구렁텅이에 빠져 있다. 하지만 예수 그리스도는 죄인인 우리를 도우실 수 있을 뿐 아니라 도울 준비를 다 갖추고 계셔서 우리에게 값없이 자신을 주고자 하신다. 지금 당신에게 하나님의 이름으로 주어지는 은혜를 무자비하게 거부하지 않는다면, 당신의 죄가 아무리 많고, 아무리 크고, 아무리 길고 오래된 것이라도 틀림없이 용서받고 구원을 얻을 것이다.

주 예수님은 당신에게 "와서 구원을 받으라"고 부르신다(사 45:22 참조). 주님께 오라. 주님은 결코 당신을 내쫓지 않으실 것이다(요 6:37). 주님은 당신이 그분과 화목하기를 원하신다(고후 5:20). 주님은 길거리에서 소리쳐 부르시며(잠 1:20), 당신의 문을 두드리신다. 당신이 그분을 영접하여 함께 살자고 초대하신다(계 3:20). 당신이 멸망한다면 그것은 생명을 얻기 위해 주님께 나오지 않은 까닭이다(요 5:40).

당신에게 주어진 그리스도를 지금 영접하라. 그러면 당신은 영원히 살 수 있다. 지금 당신의 마음을 열라. 그러면 그리스도와의 혼인이 성립될 것이며, 이를 막을 자는 세상에 아무도 없다. 당신에게 자격이 없다고 방관하지 말라. 당신을 파멸로 이끄는 것은 당신 자신의 원치 않는 마음 외에 아무것도 없다. 당신의 마음을 열겠는가? 그리스도를 전적으로 영접하겠는가? 당신의 왕으로, 당신의 선지자로, 당신의 제사장으로 영접하겠는가?

또한 당신은 주님을 영접하고 그분의 십자가를 지겠는가? 아무 생각 없이 그리스도를 받아들이면 안 된다. 먼저 앉아 그분을 영접한 대가를 생각해 보라.

모든 것을 주님 발 앞에 내려놓겠는가? 그리스도와 함께 어떤 곤경이라도 당할 각오가 섰는가? 주님과 운명을 같이하며 그분의 운명을 따라가겠는가? 자신을 부인하고, 십자가를 지고, 주님을 좇겠는가?

어떤 때, 어떤 경우를 당하더라도 주님을 떠나지 않을 각오가 서 있는가? 그렇다면 당신은 결단코 멸망하지 않고 사망에서 생명으로 옮긴 것이다. 바로 여기에 구원의 주안점이 있다. 즉 당신이 예수 그리스도와 밀접한 언약을 맺고 있느냐에 따라 당신의 구원 문제가 좌우된다. 당신에게 자신을 사랑하는 마음이 있다면, 하나님과 당신의 영혼에 대해 신실하기를 바란다.

당신을 주님께 드리라

당신의 모든 힘과 재능과 관심을 주님께 드리라. "그들이 먼저 자신을 주께 드리고"(고후 8:5), "너희 몸을 하나님이 기뻐하시는 거룩한 산 제물로 드리라"(롬 12:1). 주님이 원하시는 것은 당신의 재물이 아니라 당신 자신이다. 그러므로 당신의 몸, 곧 당신의 지체를 주님께 드리라. 또 당신의 영혼과 기능을 모두 주께 드리라. 그래서 주님의 소유가 된 당신의 몸과 영 가운데서 주님이 영광을 받으시게 하라.

그리스도와 올바른 관계를 맺기 위해 당신은 모든 재능을 주님께 드려야 한다. 그리고 당신의 판단력은 이렇게 말해야 한다. "주님, 주님은 모든 찬양의 대상이 되시며, 만인 중에서도 뛰어난 분입니다. 주님을 얻는 자가 복이 있습니다. 제가 사모하는 모든 것과 주님을 비교할 수 없습니다"(잠 3:13-15 참조).

지혜로운 자는 그리스도와 그분의 도리에 대하여 까다로운 트집이나 이론 및 편견을 버린다. 그는 질문을 그치고 세상을 버리며 그리스도를 모시기로 결정한다. 그렇게 하는 것이 더 좋다는 것을 알게 되었기 때문이다. 즉 그 밭에 있는 보물이, 그 진주의 가치가 자신의 모든 소유를 다 팔아서 살 만한 것이라는 사실을 발견한 것이다(마 13:44-46). "여기 인간에게 주어진 가장 커다란 보배가 있다. 여기 긍휼이 낳은 가장 위대한 해결책이 있다. 주님은 나의 존경을 받으시기에 합당한 분이며, 내가 마땅히 선택해야 할 분이며, 나의 사랑을 받으시기에 합당한 분이며, 내가 품 안에 모시고 영원토록 경배드리고 존경해야 할 분이다(계 5:12). 나는 그분의 모든 신조(信條)에 찬성한다. 주님의 조건은 모두 의롭고 합리적이며 공정과 긍휼로 충만하다."

또한 그의 의지도 항복하게 되며, 더 이상 동요하지 않고 단호한 태도를 갖는다. "주여, 주님의 사랑이 저를 완전히 사로잡았고, 저를 이기셨습니다. 이제 저는 주님의 것입니다. 주여, 제 마음속에 들어오소서. 기꺼이 주님께 제 마음을 엽니다. 저는 주님의 방법대로 구원받기 원합니다. 저의 모든 것을 취하시고 제가 주님만을 소유하게 하소서."

기억력도 그리스도 앞에 거꾸러진다. "오, 주여, 여기에 주님을 위한 창고가 있습니다. 쓰레기는 버리고 보물을 담겠습니다. 제가 오직 주님의 진리와 약속과 섭리만을 저장하게 하소서."

양심도 한몫 낀다. "주여, 저는 영원토록 주님 편입니다. 주님의 충성스러운 기록 담당자가 되겠습니다. 죄인들이 유혹받을 때 경고하고, 그들이 주님을 배신할 때 경고하겠습니다. 저는 주님을 위한 증인이 되고, 주님을 위해 심판하며, 주님의 길로 인도하고, 영혼 속에 절대로 죄를 은닉하지 못하게 하겠습니다."

감정들도 그리스도 앞에 나온다. 사랑은 이렇게 외친다. "저는 주님을 사모하여 병이 났습니다." 또 소원은 이렇게 말한다. "제가 찾던 것을 발견했습니다. 여기에 소망의 나라가 있으며, 여기에 저를 위한 양식이 있고, 향유가 있고, 그 밖의 모든 것이 있습니다." 두려움도 존경과 경외하는 심정으로 무릎을 꿇는다. "주여, 어서 오소서. 주님께 경의를 표합니다. 주님의 말씀과 막대기로 제 길을 지시하옵소서. 주님께 경배를 드리며 주님 앞에 엎드려 예배를 드립니다." 슬픔도 말한다. "주여, 주님의 불만과 주님의 불명예와 주님의 백성의 재난과 저 자신의 불의함으로 인해 눈물을 흘립니다. 주께서 배반당하시는 것을 볼 때 통곡하고 주님의 대의가 손상될 때 애통합니다." 노여움도 그리스도 앞에 나온다. "주여, 주님에 대한 저 자신의 어리석음만큼 저를 격분케 하는 것이 없습니다. 저는 주님을 거스르고 사탄의 유혹과 죄의 꾐에 빠진 자입니다." 증오도 그리스도 편이 된다. "저는 주님의 대적에 맞서 죽음으로 싸우며, 주님의 원수와는 결단코 사귀지 않겠습니다. 모든 죄악과 영원히 싸울 것을 서약합니다. 저는 결코 죄에 대하여 관대와 용서를 베풀지 않겠습니다." 이와 같이 당신의 모든 성품을 예수 그리스도께 맡기라.

또한 당신의 모든 관심도 주님께 드려야 한다. 당신이 그리스도께 드리지 않은 것이 하나라도 있다면, 바로 그것이 당신을 파멸케 하는 것이다(눅 14:33). 당신이 마음으로 준비하고 결심하여 모든 것을 버리지 않으면 주님의 제자가 될 수 없다. 주님과 비교할 때 부모나 자기 자신까지도 미워할 수 있어야 하며, 주님과 순위를 다투는 것은 어떤 것이라도 있어서는 안 된다.

한마디로 당신은 자신을 주님께 드릴 뿐 아니라 당신의 전 소유를 아무 조건 없이 주님께 드려야 한다. 그러지 않으면 당신은 주님과 아무 상관이 없다.

그리스도의 율법을 규범으로 삼으라

그리스도의 율법을 당신의 말과 생각과 행동의 규범으로 삼으라. 참된 회개를 한 사람은 이것을 선택하게 된다. 그러나 여기에도 세 가지 원칙이 있음을 명심하라.

첫째, 그리스도의 법 전체를 선택해야 한다. 부분적으로 순종한 사람은 결코 천국에 들어갈 수 없다. 값싸고 쉬운 부분만 택하고, 비싸고 자기희생을 요구하며 자기 욕망을 채울 수 없는 의무는 회피할 수 없다. 전부를 택하거나 하나도 택하지 않거나, 둘 중 하나가 있을 뿐이다. 참된 회개를 한 사람은 크고 무거운 죄와 의무를 중요시할 뿐 아니라 작고 가벼운 죄와 의무도 간과하지 않는다.

둘째, 삶이 순탄하든 역경에 처하든 상관없이 그리스도의 율법을 선택해야 한다. 참된 회개를 한 사람은 방향이 정해져 있다. 그는 자기가 선택한 것을 굳게 고수하며, 결코 등을 돌려 세상의 조류에 휩쓸리지 않는다. "내가 주의 증거들에 매달렸사오니 … 주의 증거들로 내가 영원히 나의 기업을 삼았사오니 … 내가 주의 율례들을 영원히 행하려고 내 마음을 기울였나이다. … 주의 율례들에 항상 주의하리이다"(시 119:31, 111-112, 117).

셋째, 신중하고 사려 깊게 행해져야 한다. 불순종의 아들은 "가겠습니다."라고 했지만 가지 않았다(마 21:28-31). 이스라엘 백성들도 얼마나 공공연하게 약속했는가! "우리 하나님 여호와께서 이르시는 것을 우리가 다 듣고 행하겠나이다!" 그들은 이 말을 진심으로 했을지 모른다. 그러나 시험이 다가오자 그들의 마음은 약속을 지키지 못했다(신 5:27, 29 참조).

당신이 참으로 그리스도의 법과 도리를 받기 원한다면 그것의 의미와 넓이와 범위를 연구하라. 그리고 그 법이 영적인 것이라는 사실을 염두에 두라. 그것은 마음속의 생각과 기호에 직접 관계되므로, 당신이 그 법칙대로 살고자 하면 당신의 모든 생각과 마음의 행위까지도 그 법의 지배를 받아야 한다. 다시 말해 그 법은 엄격하고, 자기를 부인하며, 당신의 자연적인 기호와는 정반대다. 당신은 좁은 문과 좁은 길을 택하고, 자유를 원하는 육의 욕망을 억제해야 한다. 한마디로 그 법은 심히 광대하다. "주의 계명들은 심히 넓으니이다"(시 119:96).

일반적인 계명에 안주하지 말라. 거기에는 많은 거짓이 깃들게 마련이다. 그리스도의 특수한 계명에 당신의 마음을 정착시키라. 선지서에 나오는 유대인들은 세상에서 누구보다도 굳은 결의가 서 있었고, 하나님을 그들의 증인으로 내세웠다. 그러나 그들은 일반적인 것에 안주했다. 하나님의 계명이 그들의 기호와 엇갈리면 순종하지 않았다(렘 42:1-6, 43:2). 웨스트민스터 대요리문답서에는 그 계명들이 훌륭하게, 또한 매우 포괄성 있게 강

해되어 있다. 그 내용을 읽어 보고 심사숙고해 보라. 당신은 그리스도의 힘으로 거기에서 요구하는 모든 의무를 다 이행하고, 금지된 모든 죄에 대항할 각오가 서 있는가? 이것이 곧 주의 율례 가운데 온전케 되어 수치를 당하지 않는 길이다(시 119:80).

당신이 가장 싫어하는 의무와 가장 짓기 쉬운 죄를 알아내서, 당신에게 전자는 이행하고 후자는 버릴 결의가 서 있는지 살피라. 당신의 마음속에 있는 죄와 당신이 사랑하는 죄에 대하여 무엇이라 말하겠는가? 큰 대가를 요구하며, 위험하고, 육신을 괴롭게 하는 의무에 대해서는 무엇이라 말하겠는가? 여기서 주춤하고, 하나님의 은혜로 육신을 물리치기 위한 결심을 하지 못하고, 진지해지지 못한다면 당신은 건강하지 못한 것이다.

하나님의 언약을 붙들라

모든 것은 하나님과 당신의 엄숙한 언약으로 이뤄져야 한다. 주님과 대면할 은밀한 시간을 여러 번 내어 하나님의 특별한 도우심을 구하는 한편, 은혜로 당신을 용납해 주실 것을 간구하라. 과연 당신에게 자신의 모든 죄를 깨끗이 버리고자 하는 마음이 있으며, 당신의 몸과 영혼을 하나님과 하나님의 사역을 위해 바치고, 일생 동안 성결하고 의롭게 주님을 섬길 의향이 있는지 심사숙고해 보라.

당신은 먼저 이처럼 지극히 중대한 문제를 다룰 수 있는 정신 자세를 갖춰야 한다. 그런 다음 하나님의 언약을 굳게 붙잡고 은혜와 능력을 주시는 하나님의 약속을 의지하라. 그 약속을 의지함으로써 당신도 약속을 지킬 수 있을 것이다. 당신의 능력을 의지하지 말고, 당신의 결심을 믿지 말라. 오직 하나님의 능력을 의지하라. 이렇게 준비가 되면 엄숙히 무릎을 꿇고, 두 손을 높이 들어 천국을 향해 마음문을 열고 다음과 같이 기도하라.

거룩하신 하나님, 주님의 문 앞에 엎드려 비는 이 불쌍한 탕자를 주님의 아들이 받으신 고난을 보시고 받아 주옵소서. 저는 허물로 인해 주님을 떠났고, 본질상 사망의 자식이었고, 사악한 행위로 인해 천 배나 더 지옥의 자식이 되었습니다. 그러나 주님은 제가 전심으로 돌이키면 주님의 한없는 은혜로 그리스도 안에서 긍휼을 베풀겠다고 약속하셨습니다. 그와 같은 복음의 호소를 듣고 저는 이제 제 무기를 던지고 주님의 자비로운 품에 안깁니다. 주님과 평화를 맺기 위해, 요구하시는 대로 저의 우상을 버리고 한때 제가 같은 편이 되어 싸웠던 주님의 모든 대적에게 항거하겠습니다.

저는 진심으로 그들과 모든 인연을 끊고, 의식적으로 죄를 범하지 않으며, 저의 모든 불의를 완전히 일소하고 깨뜨려 버리기 위해 주님이 지시하신 모든 방법을 충실히 좇을 것을 약속드립니다. 지난날 저는 우상을 섬기듯 이 세상을 무질서하게 사랑했지만, 이제는 제 심령을 만드신 주님께 마음을 드립니다. 주님의 영광스러운 존전에서 이것이 제 마음의 단호한 결심임을 말씀드립니다. 주님이 제게 권고하실 때 주님의 도우심을 따라 제 결심을 실천에 옮기고, 주님께 범죄하기보다 차라리 이 세상에서 제게 귀중한 모든 것을 버리는 편을 택할 수 있도록 끊임없는 은혜를 주실 것을 간구합니다. 저의 길이 순탄하든, 역경에 처하든, 그 유혹이 제 마음을 빼앗아 주님을 떠나게 하지 못하도록 모든 유혹에 유의하겠습니다.

또한 제가 사탄의 유혹을 물리칠 수 있게 도우실 것을 간구합니다. 그리하여 제가 주님의 은혜로 절대로 사탄에게 항복하지 않고, 그의 노예가 되지 않게 해 주옵소서. 저 자신의 의는 더러운 걸레와 같으니 그것을 조금도 의지하지 않으며, 저 자신에게는 아무 의로움이나 능력이 없기에 저는 그저 소망 없고, 무기력하고, 멸망할 수밖에 없는 존재임을 시인합니다.

그런 저에게 주님은 말할 수 없는 긍휼로 은혜를 주사 그리스도 안에서 주님을 저의 하나님으로 영접할 수 있는 길을 열어 주셨나이다. 이 시간 제가 주님을 나의 주 하나님으로 영접했음을 하늘과 땅에 기록해 주소서. 모든 존귀로 주님의 거룩하신 발 앞에 제 영혼의 머리를 숙입니다. 성부, 성자, 성령 되신 주 여호와 하나님, 주님을 저의 기업과 저의 최고의 선으로 모시고 저의 몸과 영혼을 드려, 주님의 종으로 일생 동안 성결하고 의롭게 섬기기를 약속하며 맹세합니다. 그리고 주님께 나아가는 유일한 길을 주 예수 그리스도로 정하셨으므로 저는 예수님과의 혼인을 엄숙히 언약합니다.

복되신 예수님, 저는 굶주리고, 목마르며, 더럽고, 비참하고, 눈멀고, 벌거벗었습니다. 가장 더럽게 부패하고 저주스러운 죄인이며, 영광의 왕과 엄숙히 결혼하는 것은 고사하고 주님의 종의 발조차 씻을 자격이 없는 자로서 나옵니다. 그러나 주님의 측량할 수 없는 사랑으로, 이제 저는 전심을 다해 주님을 영접하며, 주님을 저의 머리와 남편으로 영접하여 기쁠 때나 슬플 때나, 부할 때나 가난할 때나, 어느 때 어느 환경에서든 이 세상 다하도록 가장 사랑하며, 공경하며, 순종할 것을 서약합니다. 저는 주님의 모든 직무를 시인합니다. 저의 무익함을 버리고 주님을 저의 주인과 의로 인정합니다. 저의 지혜를 버리고 주님을 저의 유일한 인도자로 모십니다. 저의 뜻을 버리고 주님의 뜻을 저의 율례로 삼습니다.

주님과 함께 왕 노릇하기 위해서는 고난도 함께 받아야 된다고 하셨기에, 저는 이제 삶도 죽음도 주님과의 사이를 갈라놓을 수 없다는 것을 믿으며 주님의 도우심을 받아 주님과 함께 모든 위험을 견디며 제게 해당되는 직임을 맡을 것을 약속합니다. 주님은 저에게 거룩한 율법을 주사 그것이 제 삶의 지침이 되게 하셨고 주님 나라의 삶을 살게 하셨으므로, 이제 기꺼이 제 목에 주님의 멍에를 메고, 어깨 위에 주님의 짐을 지고, 주님의 모든 법이 거룩하고 의롭고 선한 것인 줄 알아 그것을 저의 말과 생각과 행동의 기준으로 삼겠습니다. 비록 저의 육신이 이를 거역하고 반항할지라도 제 온 생애를 주님의 교훈에 굴복시켜 제가 마땅히 할 일을 경솔히 하지 않도록 힘쓰겠습니다. 육신의 약함으로 여러 가지 실패와 잘못을 저지르지 않을 수 없지만, 제 마음으로 결의한 이것을 본의 아니게 망각하거나 위반할지라도 주님이 약속하신 대로 무효가 되지 않기를 겸손하게 간구합니다.

전능하신 하나님, 제 마음을 감찰하소서. 주님은 오늘 제가 이 언약을 아무런 불의와 조건 없이 하는 줄을 아시나이다. 이 가운데 하나라도 거짓이 있음을 발견하시면 그것을 제게 보이시고 제가 그것을 시정할 수 있도록 도와주옵소서.

아버지 하나님, 오늘부터 주님을 저의 하나님과 아버지로 담대히 부르겠습니다. 죽을 수밖에 없는 죄인을 다시 살리기 위해 길을 열어 주신 주님께 영광을 돌립니다. 주님의 보혈로 저의 죄를 정결케 씻어 주신 성자 하나님께 영광을 돌립니다. 이제 주님은 저의 구세주와 구속자가 되셨습니다. 전능하신 손길로 제 마음에 역사하셔서 저를 죄로부터 하나님께로 돌이키게 하신 성령 하나님께 영광을 돌립니다.

성부, 성자, 성령 되신 높고 거룩하신 여호와 전능하신 하나님, 이제 주님은 제 언약의 친구이시며, 저는 주님의 무궁하신 은혜로 말미암아 언약의 종이 되었나이다. 이것이 주님의 뜻대로 이루어질 것을 믿습니다. 제가 이 땅에서 한 언약을 하늘에서 재가해 주옵소서.

당신이 이러한 언약을 마음뿐 아니라 입술로까지 하기를 권고한다. 또 입술뿐 아니라 글로도 하기 바란다. 그것을 마치 조약이나 조문(條文)처럼 주님 앞에 경건하게 펴 보인 후 친히 서명하라. 그리고 하나님과 당신 사이에 맺은 엄숙한 계약의 기념물로 보존하여 시험과 의심에 부딪힐 때마다 꺼내 보라.

회개를 미루지 말라

회개를 미루지 말고 속히 하나님께 항복하라. "신속히 하고 지체하지 아니하였나이다"(시 119:60). 긍휼의 문이 닫힌 후에 도착한 미련한 처녀들과 다음 기회로 미루고 거절했다가 끝내 그 기회를 얻지 못했던 벨릭스를 기억하고 두려워하라. 오늘 오라. 그러지 않으면 죄가 당신을 기만하여 무감각하게 만들지 모르고, 은혜의 기간이 끝나 당신에게 평안을 줄 수 있는 것들이 숨겨질지 모른다. 자비가 당신을 부르며, 그리스도께서 당신에게 은혜를 베풀기 위해 기다리시며, 성령께서 당신 안에서 강권하고 계신다. 사역자들이 외치고 양심이 활발히 움직이고 있다. 시장이 열렸으므로 당신이 원하기만 하면 기름을 구입할 수 있다. 이제 당신은 그리스도를 받아들이기만 하면 된다.

은혜가 주는 것들을 받으라. 지금이 아니면 영원히 기회를 잃을 것이다. 당신이 이 기회를 가볍게 넘겨 버린다면 하나님께서는 당신이 절대로 그분의 잔치에 참여하지 못할 것이라고 진노 가운데 맹세하실지도 모른다(눅 14:24).

하나님의 말씀을 진지하게 대하라

당신을 회개시킬 수 있는 하나님의 말씀을 진지하게 대하라. 즉 말씀을 습관적으로 대하지 말고 그 말씀을 통해 회개하려는 기대와 소망과 계획과 욕망을 가지고 진정으로 대하라. 설교를 들을 때마다 이렇게 생각하라. '오늘 하나님께서 내 안에 들어오시면 좋겠다. 설교자를 통하여 하나님이 나를 하나님 나라로 인도하시면 좋겠다.'

예배당에서 나올 땐 하나님께 마음을 다해 이렇게 말하라. "주여, 이번 주일, 이번 기회에 제가 새로워지는 은혜를 받게 하옵소서. 그날 제가 주님 앞에 거듭났다고 말할 수 있게 하소서."

어쩌면 당신은 이렇게 말할지 모른다. 오랫동안 말씀을 들었지만 회개를 체험하지 못했다고 말이다. 그럴 수 있다. 하지만 그것은 당신이 말씀 듣는 기회를 회개의 방편으로 삼지 않았고, 거기서 기쁜 결과를 얻으려는 의욕과 기도가 없었기 때문이다.

성령님과 함께 일하라

성령님께서 역사하실 때 그분과 함께 일하라. 그분이 당신의 죄를 깨닫게 해 주시면 그것을 소멸시키지 말고 구원에 이르는 회개를 달라고 간구하라. "성령을 소멸하지 말며"(살전 5:19). 성령을 거역하거나 대적하지 말라. 나쁜 친구를 사귀거나 세상적인 일 때문에 믿음이 사라지지 않도록 조심하라. 죄 때문에 괴로움이 생기고 앞으로 당할 영원한 형벌에 대한 두려움이 일어날 때, 죄를 청산하고 마음속 깊은 곳에서부터 그것을 미워하며 당신의 마음 전부를 그리스도께 바침으로써 평안을 누리게 해 달라고 다음과 같이 기도하라. "주님, 제 심장을 찌르소서. 절대로 불완전한 것이 되지 않게 하여 주소서. 제 마음속 죄의 밑바닥까지 내려가셔서 제 죄의 혈관을 자르소서." 이처럼 성령의 역사에 자신을 의탁하고, 성령께서 순풍을 일으키실 때 당신의 돛을 높이 올려라.

항상 기도하라

항상 부지런히 진정과 열성으로 기도하라. 기도를 소홀히 하는 자는 세속적이고 거룩하지 못한 죄인이다. 꾸준히 기도하지 않는 자는 그것이 순간적인 시험이나 외부적인 억압 때문이 아닌 이상 위선자나 다름없다. 회개의 제일 첫 번째 표시는 기도로 나타난다. 그러므로 기도에 힘쓰라. 하루도 빼놓지 말고 아침저녁으로 시간을 내어 은밀하게 기도하라. 또한 온 가족을 모아 놓고 하나님께 예배드리는 시간을 가지라. 당신의 가족이 하나님의 이름을 부르지 않는다면 화가 있을 것이다(렘 10:25).

그러나 냉랭하고 생명이 없는 예배는 하늘에 상달되지 못한다. 그것은 뜨겁고도 끈질긴 것이어야 한다. 끈질긴 기도는 이를 가능케 하지만 침노함이 없이는 천국에 들어갈 수 없다. 당신이 축복을 받으려면 야곱과 같이 눈물과 간구로 온 힘을 기울여야 한다. 은혜를 받지 못하면 당신은 영원히 죽을 수밖에 없다. 따라서 절대로 거절당하지 않아야 한다. 이러한 결심이 있는 자는 다음과 같이 말한다. "나는 꼭 은혜를 받아야 해. 은혜를 받기 전까지는 결코 단념하지 않겠어. 하나님께서 은혜의 능력으로 나를 새롭게 하시기 전에는 절대로 기도를 쉬지 않을 것이고, 하나님과 내 심령 사이의 싸움도 그치지 않을 거야."

나쁜 친구를 버리고 죄를 피하라

당신이 죄의 유혹을 버리고 거절하기 전에는 결코 죄에서 떠나지 못할 것이다. 자기를 부인함으로써 죄를 피하지 않는다면 나는 당신이 죄로부터 회개했다고 생각할 수 없다. 당신이 미끼를 자꾸 물어뜯고 가장자리에서 놀며 덫을 가지고 장난한다면 결국 영혼을 잃게 될 것이다.

하나님의 특별하신 섭리 가운데 어쩔 수 없이 시험을 당할 때에는 하나님의 특별하신 도움을 바랄 수 있다. 그러나 우리 스스로 위험에 뛰어들어 하나님을 고의로 시험할 때에는 하나님께서 우리를 도와주시지 않는다.

모든 유혹 중에서도 가장 치명적이고 유독한 것은 나쁜 친구를 사귀는 일이다. 이것 때문에 잘 진행되던 일들이 얼마나 많이 깨어졌는가! 이로 인해 얼마나 많은 영혼과 재산과 가정과 도시가 망쳐졌는가! 얼마나 많은 영혼이 죄를 깨닫고 사탄의 올무에서 벗어나려다가 악한 친구로 인해 결국 제자리로 떨어지고 말았는가! 뿐만 아니라 이전 형편보다 7배나 더 지옥의 자식이 되어 버리지 않았던가!

요컨대 당신이 나쁜 친구들과 헤어지기 전에는 소망이 없다. 당신의 생사가 여기에 달려 있다. 나쁜 친구를 버려라. 그러지 않으면 살 수 없다. 주님께서 칼을 빼들고 서 계신데도 그대로 가려 하다니 당신은 발람의 나귀만도 못한 자인가?

양심에 다음과 같은 말을 크게 써 붙여라. "미련한 자와 사귀면 해를 받느니라"(잠 13:20). 주께서 말씀하신 것을 누가 감히 번복할 수 있는가?

이렇듯 하나님께서 친히 경고하시는데도 불구하고 파멸로 달려가겠는가? 하나님께서 당신의 심령을 변화시키셨다면 그것은 당신의 친구들이 바뀌는 것을 통해 나타난다. 수천만의 영혼이 빠진 파멸의 구렁텅이를 두려워하며 그곳에서 속히 떠나라. 당신이 그곳을 탈출하는 것은 결코 쉬운 일이 아닐 것이다. 친구들이 당신의 신앙을 조롱할 것이며, 무엇이 답답해서 재미도 없고 고리타분하고 어리석은 종교에 마음을 두냐고 성가시게 할 것이다. 또한 그들은 당신을 치켜세우며 꾀어낼 것이다. 그러나 성령의 경고하심을 잊지 말라. "내 아들아 악한 자가 너를 꾈지라도 따르지 말라. 그들이 네게 말하기를 우리와 함께 가자. … 너는 우리와 함께 제비를 뽑고 우리가 함께 전대 하나만 두자 할지라도 내 아들아 그들과 함께 길에 다니지 말라. … 그들이 가만히 엎드림은 자기의 피를 흘릴 뿐이요 숨어 기다림은 자기의 생명을 해할 뿐이니 … 그의 길을 피하고 지나가지 말며 돌이켜 떠나갈지어다. … 악인의 길은 어둠 같아서 그가 걸려 넘어져도 그것이 무엇인지 깨닫지 못하느니라"(잠 1:10-19, 4:15-19).

이 글을 읽는 사람 중에도 이러한 죄를 짓게 하는 악한 장소, 악한 친구와 함께하여 자기 자신과 가정을 파멸의 구렁텅이로 몰아넣을 사람이 있을 것을 생각하면 안타깝기 그지없다.

모세가 이스라엘 백성들을 권고한 것같이 나도 당신에게 권고한다. "이 악인들의 장막에서 떠나"라고 말이다(민 16:26). 그들에게서 떠나라. 마치 이마에 한센병이 생긴 사람에게서 떠나듯 하라. 그들은 마귀의 뚜쟁이와 바람잡이들이다. 당신이 도망하지 않으면, 그들은 당신을 파멸로 이끌고 영원한 멸망으로 데려갈 것이다.

당신의 죄와 비참함을 숙고하라

은밀하게 금식하고 기도하여 당신의 죄와 비참함을 숙고하라. 십계명에 대한 주석을 읽으며 당신이 이행하지 못한 의무와 계명을 어긴 모든 죄를 낱낱이 기록한 후, 부끄러움과 애통하는 마음으로 하나님 앞에 펴 놓으라. 그리고 당신이 진정으로 원할 때 앞에 기록된 대로 하나님과 엄숙히 언약을 맺으라. 그러면 주님께서 긍휼을 베푸실 것이다.

지금까지 나는 어떻게 하면 구원받는가에 대해 이야기했다. 이제 하나님의 음성을 듣지 않겠는가? 일어나서 그 일을 행하지 않겠는가?

당신이 생명의 길을 알고 있으면서도 스스로 멸망의 길을 선택한다면 종말에 가서 무엇이라 변명하며 무슨 이유를 댈 수 있겠는가?

이 책에 뚜렷이 밝힌 대로 신속히 행한다면 당신은 결코 실패하지 않을 것이다.

일어나라, 한번 해 보라.

주께서 당신을 도와주실 것이다.

07
회개의 동기

뜻 있는 자라면 누구나 '회개의 필요성'과 '회개하지 않은 사람들의 비참함'에 나타난 내용만으로도 충분히 하나님께 돌아올 수 있었을 것이다.

그러나 사람의 마음속에는 천성적으로 한없는 고집과 다루기 힘든 요소가 깊숙이 뿌리박고 있기 때문에, 나는 하나님과 당신을 화목케 하기 위한 동기 부여의 필요성을 느꼈다.

오, 주님, 저의 이 마지막 노력이 수포로 돌아가지 않게 하옵소서. 여기까지 읽은 심령 중에 아직도 깨닫지 못한 자가 있다면 그의 마음을 붙드시고 역사하여 주옵소서. 그의 마음을 사로잡으시고 정복하시고 권고하사, 그로 하여금 "주님이 이기셨습니다. 주님은 저보다 힘이 강하십니다."라고 말할 수 있게 하옵소서. 주님, 주님이 저를 사람을 낚는 어부가 되게 하시지 않았습니까. 하지만 저는 아무것도 낚지 못했습니다. 지금까지 애썼지만 하나도 낚지 못하였으니 어떻게 하시렵니까? 이제 저는 마지막 그물을 던지려 합니다. 주 예수님, 바닷가에 서서 제가 어디에 어떻게 그물을 던져야 하는지 알려 주옵소서. 그래서 제가 찾는 영혼들을 힘 있는 말씀으로 에워싸, 그들이 빠져 나갈 수 없도록 해 주옵소서. 주님, 많은 영혼을 건지기 원합니다. 한 그물 가득히 건지기 원합니다. 오, 하나님, 저를 기억하사 한 번만 저에게 힘을 주옵소서.

사람들과 형제들, 그리고 천국과 땅이 당신을 부르고 있다. 심지어 지옥까지도 당신에게 회개의 교리를 권하고 있다. 교회의 사역자들이 당신을 위하여 수고하고 있다. 천국의 천사들이 당신이 회개하고 하나님께로 돌이킬 때를 기다리고 있다.

어찌하여 당신은 마귀가 당신의 파멸을 보고 웃고, 불행을 보고 조롱하며, 어리석음을 보고 희롱케 하는가? 당신이 돌이키지 않으면 정말로 그렇게 될 것이다. 마귀의 조롱거리가 되는 것보다 천사들을 기쁘게 해 주는 것이 더 낫지 않은가? 당신이 천국에 들어서기만 하면 천군 천사들이 일제히 합창할 것이다.

새벽별도 "하나님께 영광을 돌리세."라고 노래하며, 하나님의 모든 자녀가 기쁘게 소리 지르며 새로이 탄생하는 자를 축하할 것이다. 당신의 회개로 천국은 축제일이 되며, 영광스러운 영은 그들 사이에 끼게 된 새로운 형제와 새로이 탄생한 주님의 후사, 곧 잃어버렸던 아들이 성한 몸으로 안전하게 돌아온 것을 기뻐하게 될 것이다. 진정으로 회개하는 자의 눈물은 하나님과 사람을 동시에 즐겁게 하는 포도주다.

당신의 회개에 대해 사람들과 천사들이 기뻐하는 것을 하찮게 생각할지 모르겠다. 하지만 그 일은 하나님 자신도 기뻐하시며 심지어 노래까지 하신다는 사실을 기억하라(사 62:5; 눅 15:9). 야곱이 자기 아들 요셉의 목을 안고 기쁨의 눈물을 흘렸듯이, 하나님께서도 당신의 돌아옴을 기뻐하실 것이다. 탕자의 비유를 다시 읽어 보라. 그의 늙은 아버지는 자기 신분과 나이도 잊어버리고 급히 뛰어나갔다. 하나님 아버지의 긍휼하심이 얼마나 신속한가! 죄인들은 그 절반도 따라가지 못한다. 아버지의 마음이 얼마나 뜨겁고 그 사랑의 갈급함이 얼마나 컸겠는가? 그 사랑의 눈길은 또 얼마나 재빠른가! 긍휼은 먼 곳에 있는 아들까지 알아본다. 아버지는 아들의 방종과 반항과 배은을 다 잊어버리고 팔을 벌려 그의 목을 끌어안고, 입을 맞추며, 살진 송아지를 잡고, 가장 좋은 옷과 반지와 신발을 내어 주는 등 하늘에서 가장 좋은 옷과 음식을 아끼지 않았다.

뿐만 아니라 그는 그 기쁨을 숨겨 둘 수 없어서 다른 사람도 초대했고, 친구들이 함께 기뻐해 주었다. 그러나 죽은 자 가운데서 다시 얻은 아들을 맞이하는 아버지의 기쁨을 온전히 이해할 자는 하나도 없었다. 먼 곳에서 음악소리가 들리는 것 같지 않은가? 그것은 바로 하늘 찬양대의 선율이다! 비록 그 노래의 가사는 모르지만(계 14:3), 나는 하늘의 찬양대가 아름답게 화답하는 노래의 주제는 알 듯하다. "이 내 아들은 죽었다가 다시 살아났으며 내가 잃었다가 다시 얻었노라"(눅 15:24).

더 이상 이 비유를 설명할 필요가 없을 것이다. 다만 여기에 등장한 아버지는 하나님이시고, 음식은 그리스도이시고, 옷은 그분의 의로우심이고, 장신구는 그분의 은혜이고, 종과 벗들은 목사와 성도와 천사들이다. 이것을 읽는 당신이 진정으로 회개하고 돌이키면, 돌아온 탕자가 받은 은혜와 축복의 기쁨과 사랑이 당신의 것이 될 것이다.

아직도 깨닫지 못했는가? 아직도 돌아서서 긍휼을 의지할 의향이 없는가?

당신에게 한 번 더 말하겠다. 죽은 사람이 다시 살아나 이야기한다면 그의 말을 듣겠는가? 그렇다면 죽은 자요 정죄받은 자가 당신에게 회개하라고 외치는 소리를 들으라. "그러면 아버지여 구하노니 나사로를 내 아버지의 집에 보내소서. 내 형제 다섯이 있으니 그들에게 증언하게 하여 그들로 이 고통받는 곳에 오지 않게 하소서. … 만일 죽은 자에게서 그들에게 가는 자가 있으면 회개하리이다"(눅 16:27-30).

당신의 조상이 회개하지 않아 불에 떨어졌고, 거기에서 당신에게 회개하라고 외치고 있다. 그 무저갱을 내려다보라. 영원한 고통의 연기가 무럭무럭 올라오고 있는 것을 보지 못하는가? 그 어두움의 속박에 대하여 어떻게 생각하는가? 당신이 불에 타도 좋은가? 벌레들이 살을 파먹는 모습이 보이지 않는가? 불꽃이 이글이글 타는 것이 보이지 않는가? 지옥의 구렁에 대해 어떻게 생각하는가? 그곳에서 살기 원하는가?

당신의 귀를 지옥문에 대 보라. 자신의 어리석음을 슬퍼하고 생전의 나날을 후회하며 저주하는 소리와 울부짖는 소리와 하나님께 욕하는 소리가 들리는가? 사람들이 거기서 악을 쓰며 이를 갈고 있지 않은가!

땅이 꺼질 듯한 탄식! 말로 형언할 수 없는 비참함! 땅이 입을 벌려 고라와 다단과 아비람과 그들에게 속한 사람들과 물건을 전부 삼켰을 때 그 부르짖는 소리에 온 이스라엘이 도망을 쳤다면(민 16:33-34), 하나님이 지옥의 뚜껑을 여시어 그 속에서 공포로 울부짖는 죄인들의 소리를 세상 사람들에게 들려주실 때의 두려움은 얼마나 크겠는가! 그들의 신음과 고통 가운데에서 폐부를 찌르는 말은 바로 "영원히! 영원히!"라는 것이다. 당신의 영혼을 지으신 하나님의 살아 계심을 두고 단언하건대, 회개하지 않으면 당신도 머지않아 그 속에 떨어지고 말 것이다.

이것을 어떻게 표현해야 좋을지 모르겠다. 이 세상에 조금이라도 지혜가 남아 있다면, 회개하고 하나님께 돌아오는 것으로 발견할 수 있을 것이다. 그리고 의롭고 이치에 합당한 일이 있다면 그것 또한 회개하는 것이다. 반면에 어리석고, 미쳤고, 바보같고, 짐승처럼 미련한 일이 있다면, 그것은 바로 회개하지 않고 사는 것이다.

당신에게 간곡히 부탁한다. 스스로를 파멸시키기 원하지 않는다면 지금까지 말한 것뿐 아니라 앞으로 말할 회개의 동기들을 심사숙고해 보고, 당신이 회개하고 돌이키는 것이 정말로 이치에 합당한 일인지 아닌지를 양심으로 판단해 보라.

하나님께서 당신을 부르신다

하나님께서 극진하신 은혜로 당신을 부르신다. 사랑과 긍휼이신 하나님께서 당신을 친히 부르신다. 오, 하나님의 한없는 긍휼과 사랑과 친절하심이여! 하늘이 땅보다 높은 것처럼 하나님의 길과 생각은 우리의 길과 생각보다 높은 곳에 있다.

"주는 긍휼히 여기시며 은혜를 베푸시며 노하기를 더디하시며 인자와 진실이 풍성하신 하나님이시오니"(시 86:15).

이것은 죄인을 돌이키게 하고도 남음이 있는 힘 있는 말씀이다. "여호와께로 돌아올지어다. 그는 은혜로우시며 자비로우시며 노하기를 더디하시며 인애가 크시사 뜻을 돌이켜"(욜 2:13). 하나님께서 뜻을 돌이키시지 않는다면 우리의 회개가 무슨 소용이 있겠는가! 긍휼의 소망이 끊길 때에는 반역의 무리가 일어나는 것도 무리가 아니다. 그러나 우리처럼 은혜로운 왕이 동정과 관용과 인내로 대해 주신 무리가 또 어디 있겠는가? "주와 같은 신이 어디 있으리이까. 주께서는 죄악과 그 기업에 남은 자의 허물을 사유하시며"(미 7:18).

당신을 다스리실 하나님이 어떤 분인지 알라. 당신이 돌아서기만 하면 "다시 우리를 불쌍히 여기셔서 우리의 죄악을 발로 밟으시고 우리의 모든 죄를 깊은 바다에 던지시리이다"(미 7:19). "그런즉 내게로 돌아오라. 그리하면 나도 너희에게로 돌아가리라"(말 3:7). 죄인들은 하나님의 긍휼에 대해서는 잘 알면서 그분의 공의를 간과하는 경우가 있다. 그래서 하나님의 방법과 완전히 다른 길로 그분의 긍휼을 얻으려 할 때가 있다. 하지만 우리는 그럴 필요가 없다. 하나님의 긍휼은 우리가 상상도 못할 만큼 크다. 그것은 여러 겹의 긍휼이며(느 9:19), 인자한 긍휼이며, 명명백백한 긍휼이며, 영원한 긍휼이다. 우리가 돌이키기만 하면 그 모든 것이 우리 것이 될 수 있다. 당신은 돌아올 의향이 없는가? 주님은 자신의 엄위하심을 옆으로 제쳐 놓으시고 은혜의 보좌를 세우셨다.

뿐만 아니라 주님은 우리에게 금홀을 내미신다. 그것을 만지고 살라. 자비심이 있는 사람이라면 아무리 원수라도 그가 자기 잘못을 인정하고 발아래 엎드려 용서를 빌며 평화조약을 체결할 것을 희망할 때 그를 죽이지 않을 것이다. 긍휼의 하나님께서도 마찬가지다. "인자를 천대까지 베풀며 악과 과실과 죄를 용서하리라"(출 34:7)고 하신 하나님의 이름을 배워 알자. 그에 대한 실례를 느헤미야 9장 17절에서 읽어 보라.

하나님의 격려하시는 음성과 약속이 당신을 초대하고 있다. 이 긍휼처럼 당신에게 절실히 필요한 것은 없을 것이다. 얼마나 사랑스럽게, 얼마나 간절하게 당신을 부르고 있는가!

"여호와께서 이르시되 배역한 이스라엘아 돌아오라. 나의 노한 얼굴을 너희에게로 향하지 아니하리라. 나는 긍휼이 있는 자라. 노를 한없이 품지 아니하느니라. 여호와의 말씀이니라. 너는 오직 네 죄를 자복하라"(렘 3:12-13).

"네가 많은 무리와 행음하였으나 내게로 돌아오라. 여호와의 말이니라"(렘 3:1 참조).

"주 여호와의 말씀이니라. 나의 삶을 두고 맹세하노니 나는 악인이 죽는 것을 기뻐하지 아니하고 악인이 그의 길에서 돌이켜 떠나 사는 것을 기뻐하노라. 이스라엘 족속아 돌이키고 돌이키라. 너희 악한 길에서 떠나라. 어찌 죽고자 하느냐"(겔 33:11).

"그러나 악인이 만일 그가 행한 모든 죄에서 돌이켜 떠나 내 모든 율례를 지키고 정의와 공의를 행하면 반드시 살고 죽지 아니할 것이라. 그 범죄한 것이 하나도 기억함이 되지 아니하리니 그가 행한 공의로 살리라. … 너희는 돌이켜 회개하고 모든 죄에서 떠날지어다. 그리한즉 그것이 너희에게 죄악의 걸림돌이 되지 아니하리라. 너희는 너희가 범한 모든 죄악을 버리고 마음과 영을 새롭게 할지어다. 이스라엘 족속아 너희가 어찌하여 죽고자 하느냐. 주 여호와의 말씀이니라. 죽을 자가 죽는 것도 내가 기뻐하지 아니하노니 너희는 스스로 돌이키고 살지니라"(겔 18:21-22, 30-32).

얼마나 은혜롭고 우리 마음을 녹이는 말인가! 이는 사람의 소리가 아니라 하나님의 음성이다. 배반당한 주인이 반역한 자를 향하여 이렇게 사랑의 간청을 한다는 것은 인간으로서는 결코 할 수 없는 일이다. 이 긍휼이 당신을 좇으며 탄원하는 음성을 들으라. 당신의 심령은 아직도 깨어지지 않았단 말인가? 오늘 주님의 음성을 들으라!

하늘의 문이 열려 있다

하늘의 영원한 문이 당신을 향하여 활짝 열려 있으며, 천국으로 이르는 통로가 당신 앞에 환하게 예비되어 있다.

그리스도는 당신에게 지금 일어나서 이 좋은 땅을 차지하라고 요구하신다. 복음의 지도에 나타난 저 세상의 영광을 보라. 약속의 비스가산 위에 올라 사방으로 눈을 돌려 요단강 건너편에 있는 기름진 땅과 아름다운 산들을 바라보라. 그곳은 영광의 물줄기로 물을 댄 하나님의 낙원이다. 일어나서 그 땅에 들어가 종횡으로 걸어 보라. 돌이키기만 하면 당신이 보는 그 땅을 하나님께서 영원히 주실 것이다.

바울이 아그립바에게 말했듯이 나는 당신에게 "선지자를 믿느냐"고 묻겠다(행 26:27 참조). 믿는다면 그들이 하나님의 도성에 대하여 얼마나 영광스러운 것들을 말하고 있는지 보라.

이것은 하나님의 이름으로 당신에게 제공될 수 있는 것이다. 당신이 전적으로 돌이키기만 하면 하나님의 성실을 두고 말하건대 그 모든 것이 영원토록 당신의 소유가 될 것이다.

순금으로 된 도성을 보라. 그 기초는 각종 보석으로 되어 있고, 그 문은 진주요, 그 빛은 영광이니, 곧 하나님의 성전이다.

당신은 이 사실을 믿는가? 믿는다면 그 문들이 활짝 열려 있어서 자유자재로 들어갈 수 있는데도 들어가지 않는 이유가 무엇인가? 어리석게도 거름더미를 택하고 하늘왕국을 거절할 것인가?

보라, 주님은 당신을 산꼭대기로 데리고 가셔서 천국과 함께 그 모든 영광을 보이며 이렇게 말씀하신다. "네가 엎드려 내게 경배하기만 하면 이 모든 것을 네게 주리라. 곧 네가 긍휼 앞에 무릎을 꿇고 내 아들을 영접하고 의로움과 성결함으로 나를 섬기면 그렇게 하리라."

"미련하고 … 마음에 더디 믿는 자들이여"(눅 24:25), 당신은 세상을 구하고 세상을 섬기며 영원한 영광을 버릴 것인가? 일찍이 당신을 낙원에서 쫓아내었던 화염검이 지금 당신을 인도해 들이는데도 들어가지 않겠단 말인가? 어쩌면 당신은 당신을 불신자나 죄인으로 취급하는 나를 원망할지도 모른다. 그렇다면 내가 당신을 어떻게 불러야 하는가? 당신은 이 사실들을 신임하지 못하는 참혹한 불신자이거나, 정신이 온전하지 못하기 때문에 이 영광의 온전함과 영원성을 알고 있으면서도 두려움 없이 그 사실을 망각해 버리는 사람일 것이다.

당신에게 제시된 것을 보라. 그것은 복된 나라이며, 영광의 나라이고, 의의 나라이며, 평강의 나라이자 영원한 나라다. 당신은 여기서 영원히 살며 왕 노릇할 것이다. 주께서 당신을 영광의 보좌에 앉히시고 당신의 머리 위에 손수 왕관을 씌우실 것이다. 그곳에는 죄짓는 것이나 고난이 없으므로 그것은 가시면류관이 아닐 것이다. 금으로 만든 것도 아닐 것이다. 그곳에서는 금이 흙보다도 흔하기 때문이다. 그것은 바로 생명의 면류관이요, 의의 면류관이요, 영광의 면류관일 것이다.

당신은 의의 두루마기를 입고 아버지의 나라에서 해와 같이 빛날 것이다. 당신의 무가치한 육신을 보라. 흙과 재에 불과한 육신이 별보다 밝게 빛날 것이다. 즉 당신은 하나님의 천사들처럼 되어 의로움 가운데 하나님의 얼굴을 맞대고 바라보게 될 것이다. 아직도 못 믿겠는가? 믿지 못한다면 당신의 양심은 스스로 저주받을 자라고 선언해야 마땅하다. 내가 지금까지 말한 것은 하나님의 말씀이기 때문이다.

만일 믿는다면 당신의 결심을 보이라. 이것을 당신의 행복으로 간직하겠는가? 옳지 못한 수입과 가져서는 안 될 쾌락을 버리겠는가? 이 세상의 명성과 아첨에 귀를 막고 유혹의 올가미에서 빠져나오겠는가? 천국을 향하는 길에 비난과 가난이 놓여 있을지라도 겸손히 자기를 부인하고, 육신을 죽이며, 육신이 원하지 않는 길을 걷겠는가?

그렇다면 모든 것은 영원히 당신의 것이다. 이 얼마나 공명정대한 흥정인가? 손을 내밀기만 하면 붙들 수 있는 것을 잡지 않고 살다가 죽어서 멸망하는 것이 과연 타당한 일인가? 하나님의 말씀을 그대로 받아들이지 않겠는가? 이 세상을 꽉 잡았던 손을 풀고 영원한 생명을 굳게 붙들지 않겠는가? 못하겠거든 당신의 양심에 물어보라. 그처럼 복된 기회를 포기하고 영원히 행복해질 수 있는 기회를 저버리는 것이 미친 짓 아니냐고 말이다.

이 세상에서 당신에게 주어질 특권

하나님은 이 세상에서 당신에게 말할 수 없는 특권을 부여하실 것이다. 당신의 완전한 축복은 저 세상에서 얻겠지만, 현재의 삶 속에서도 당신에게 적지 않은 것을 주실 것이다. 즉 당신을 노예의 속박으로부터 구속하실 것이다.

하나님은 당신을 사자의 발톱에서 건져 내실 것이다. 뱀은 당신의 발꿈치를 상하게 하겠지만 당신은 뱀의 머리를 상하게 할 것이다. 하나님께서는 이 악한 세상에서 당신을 건져 주실 것이다. 번영이 당신을 파멸시키지 못하며, 원수가 당신과 주님 사이를 갈라놓지 못할 것이다. 주님은 당신을 무덤의 권세로부터 구원하실 것이며, 두려움의 왕이 평화의 사자가 되게 하실 것이다. 또한 십자가에서 저주를 제거하시어 고난을 금속을 제련하는 용광로로 삼으시고, 쭉정이를 날려 보내는 부채로 삼으시며, 당신의 마음을 고치는 양약으로 삼으실 것이다.

주님은 당신을 송사하는 자의 송사로부터 건지시고 저주를 축복으로 변하게 하실 것이다. 주님은 지옥과 사망의 열쇠를 쥐고 계시다. 그래서 주께서 그것을 닫으시면 열 자가 없다. 주님은 마치 사자의 입을 막으신 것처럼 지옥의 입구를 막으셔서 당신이 다치지 않고 둘째 사망을 당하지 않게 하실 것이다.

주님은 당신을 불행 가운데서 건져 내실 뿐 아니라 말로 다 형언할 수 없는 놀라운 특권도 부여하실 것이다. 주님은 당신에게 그분 자신을 주실 것이다. 당신의 친구요 아버지가 되어 주실 것이다. 또한 당신에게 태양과 방패가 되어 주실 것이다. 한마디로 주님께서 당신의 하나님이 되시는 것이다. 여기에 더할 말이 어디 있는가? 당신은 하나님께 무엇을 기대하며 그분이 당신에게 어떻게 해 주시기를 원하는가? 그분은 당신이 기대하는 대로 해 주실 것이며, 당신이 원하는 분이 되어 주실 것이다.

왕자와 결혼하는 여자가 왕자의 모든 특권을 누리게 될 것을 기대하는 것은 당연한 일이다. 즉 자기도 궁궐에서 살며 왕비다운 생활을 하고 싶어 한다. 왕을 아버지로 모시고 있는 자나 친구로 가지고 있는 자 역시 왕이 자기에게도 왕과 같은 생활을 하게 해 주기를 바랄 것이다.

그러나 이 세상의 왕이나 군주는 아무리 부한 것처럼 보여도 하나님과 비교하면 벽에 그려 놓은 나비 같고, 채색해 놓은 유충과 같다. 하나님께서는 자신이 만드신 반짝이는 먼지 하나에 불과한 세상 왕들의 영광과 능력에 비교도 안 되는 영광과 능력을 갖고 계시다.

따라서 세상 왕들이 자신의 왕자를 위해 예비해 주는 것과 비교도 안 될 것을 그분이 기뻐하시는 자녀들을 위해 마련해 주실 것이다. 즉 당신에게 영광과 은혜를 주시며, 선한 것은 하나도 **빼놓지 않고** 다 주실 것이다.

주님은 우리를 아들과 딸로 삼으시고 자기 언약의 후사로 세우사 우리와 영원한 언약을 하실 것이다. 그리고 율법과 양심과 사탄이 송사하는 모든 것으로부터 우리를 의롭다고 인정해 주실 것이다.

주님은 당신이 주님 앞에 자유자재로 나아올 수 있게 하시고 당신의 인격을 용납하시며 당신의 기도를 들어 주실 것이다. 당신 안에 거하시며 당신과 끊임없이 친밀한 교제를 나누실 것이다. 주님의 귀, 주님의 문, 주님의 창고는 어느 때나 당신을 위하여 열려 있을 것이다. 주님의 축복이 당신 위에 있을 것이며, 당신의 대적들이 당신을 섬기게 하실 것이며, 당신을 위하여 모든 것이 합력하여 선을 이루게 하실 것이다.

긍휼의 조건이 낮아졌다

긍휼의 조건이 당신이 그것을 받을 수 있을 만큼 낮아졌다. 하나님은 그분의 명예를 손상시키지 않는 범위 안에서 최대한 자신을 낮추어 죄인들에게 오셨다. 주님은 죄의 주인이 되시거나 자신의 성결한 영광을 더럽히실 수 없기에 지금보다 더 낮아지실 수는 없다.

하나님은 생명을 주시는 조건으로 비합리적인 것이나 불가능한 것을 요구하지 않으신다. 다만 첫 언약은 그 내용에 따라 다음의 두 가지를 요구한다. 첫째는 우리가 범한 옛 과오에 대해 공변된 보응을 받아야 한다는 것이고, 둘째는 우리가 앞으로 모든 율법을 개인적으로, 온전하게, 지속적으로 이행해야 한다는 것이다. 하지만 우리는 죄로 인해 이 둘 중 어느 쪽을 통해서도 구원받을 수 없게 되었다.

그런데 하나님께서 이 두 가지에 은혜로운 조치를 취하셨다. 그분은 우리가 두 가지 조건을 구비하도록 끝까지 주장하지 않으시고 우리에게 있는 보증인(예수님)으로 만족하셨다. 그리고 우리에게 받으셔야 하는 것들을 하나님께서 친히 세우신 그 보증인에게서 받으셨다. "모든 것이 하나님께로서 났으며 그가 그리스도로 말미암아 우리를 자기와 화목하게 하시고 또 우리에게 화목하게 하는 직분을 주셨으니 곧 하나님께서 그리스도 안에 계시사 세상을 자기와 화목하게 하시며 그들의 죄를 그들에게 돌리지 아니하시고 화목하게 하는 말씀을 우리에게 부탁하셨느니라"(고후 5:18-19).

하나님께서는 이미 이 대속제물을 받으셨으므로 우리에게 기대하시는 것은 우리의 의가 되며 구속이 되시는 그분의 아들을 영접하는 것 외에 아무것도 없다고 선언하셨다. 그러므로 당신이 그리스도 안에 들어와서 하나님을 기쁘시게 해 드리는 것을 당신의 유일한 관심사로 삼는다면 하나님이 은혜를 베푸셔서 당신을 영접해 주실 것이다.

하나님께서 얼마나 낮아지셨는지 생각해 보라! 나는 당신에게 나아만의 종이 그 주인에게 말한 것처럼 말하고 싶다. "내 아버지여 선지자가 당신에게 큰일을 행하라 말하였더면 행하지 아니하였으리이까. 하물며 당신에게 이르기를 씻어 깨끗하게 하라 함이리이까"(왕하 5:13).

하나님께서 당신에게 영원한 형벌을 피하기 위하여 어떤 어렵고 힘든 일을 요구하셨다면 그 일을 이행하지 않았겠는가? 가령 당신이 일생을 비바람이 휘몰아치는 광야에서 보내야 하거나 굶주림으로 세월을 보내야 한다고 하자. 그러한 조건에서 당신은 기꺼이 영원한 구속을 받아들이지 않았겠는가? 심지어 하나님께서 당신에게 수백만 년 동안 뜨거운 불 가운데 있어야 한다고 하셨다거나 그 기간만큼 지옥에서 고통받아야 한다고 하셨어도 기꺼이 받아들이지 않았겠는가?

실로 이 모든 것도 영원에 비하면 한 알의 모래와 같다.

성난 하나님께서 당신을 1년간 고문하신 뒤 이제 죄를 버리고 그리스도를 영접한 후 몇 년 동안 자기를 부인하며 섬기는 일을 하거나 그 상태로 영원히 있으라고 하셨다고 하자. 당신은 그 제안을 받아들이지 못하고 논쟁만을 거듭했겠는가?

하나님께로 돌아오라. 하나님께 손만 내밀면 생명을 얻을 수 있고, 긍휼이 당신에게 구원받으라고 탄원하는데 왜 그대로 죽으려 하는가?

당신은 "주여, 당신은 굳은(엄한) 사람이라"(마 25:24; 눅 19:21 참조)고 말하려는 것인가? 알다시피 그것은 아무런 변명이 되지 못한다. 하나님께서 그토록 자신을 낮추고 오셨는데도 불구하고 당신이 그분을 외면해 버린다면, 과연 누가 당신을 위하여 간구해 주겠는가?

어쩌면 당신은 새 언약이 유리하기는 하지만 그 조건들을 다 이행할 수 없기 때문에 회개하고 믿을 수 없다고 말할지 모르겠다. 그러나 이 조건들은 하나님이 주시는 은혜로 능히 이행할 수 있다.

이에 대한 보다 자세한 답은 다음 글에서 발견하기 바란다.

하나님께서 모든 은혜를 주신다

하나님은 당신에게 필요한 모든 은혜를 주신다. "내가 손을 폈으나 돌아보는 자가 없었고"(잠 1:24).

당신이 헤어날 수 없는 불행의 구렁텅이에 빠져 있다 해도 아무 염려할 필요가 없다. 그리스도께서 당신을 건져 내시려고 손을 내밀고 계시기 때문이다! 당신이 멸망하는 것은 당신이 그 도움을 물리치기 때문이다. "볼지어다 내가 문 밖에 서서 두드리노니 누구든지 내 음성을 듣고 문을 열면 내가 그에게로 들어가 그와 더불어 먹고"(계 3:20).

당신이 가난하고 비참하고 눈멀고 헐벗었다 해도 아무 염려 없다. 그리스도께서 당신의 눈먼 것을 고쳐 주시고, 벌거벗은 것을 입혀 주시고, 가난 대신 부요함을 주실 것이다. 그분의 의와 은혜를 당신에게 제공해 주실 것이다. "내가 너를 권하노니 내게서 불로 연단한 금을 사서 부요하게 하고 흰 옷을 사서 입어 벌거벗은 수치를 보이지 않게 하고 안약을 사서 눈에 발라 보게 하라"(계 3:18).

당신은 "이것들을 살 돈이 없어서 불가능합니다."라고 말하겠는가? 이것들은 "돈 없이, 값없이" 사는 것이다. 이것들을 사는 방법은 당신의 온 마음을 다하여 구하며 간청하는 것이다. 하나님은 당신에게 그분을 경외하라고 명령하신다. 이에 대하여 "좋습니다. 그러나 나의 마음은 눈이 멀었고, 나의 심령은 하나님을 두려워하여 단단하게 굳었습니다."라고 말하겠는가?

하나님은 사람들의 마음을 조명하시고 그분을 경외하는 법을 가르치신다. 그러므로 주님을 모르고 주님과 분리되어 살고 있다면, 그것은 하나님의 도에 대한 지식을 이해하지 못하고 원하지도 않기 때문이다. "지식을 불러 구하며 명철을 얻으려고 소리를 높이며 은을 구하는 것같이 그것을 구하며 감추어진 보배를 찾는 것같이 그것을 찾으면 여호와 경외하기를 깨달으며 하나님을 알게 되리니"(잠 2:3-5).

이 얼마나 공평한 제의인가? "나의 책망을 듣고 돌이키라. 보라, 내가 나의 영을 너희에게 부어 주며"(잠 1:23).

당신 자신은 아무것도 할 수 없지만 성령의 힘을 통해 하나님께서 요구하시는 모든 일을 할 수 있다. 하나님은 "씻어 깨끗하게 하라"고 권고하신다. 그런데 당신은 표범이 그 얼룩을 씻어 버릴 수 없는 것처럼 죄를 씻을 수 없다고 말한다. 물론 그것도 맞는 말이다. 그러나 주님께서 친히 당신을 깨끗하게 씻어 주겠다고 하신다. 그러므로 당신이 아직도 더러운 채로 있다면 그것은 당신의 고집 때문이다. "내가 너를 깨끗하게 하나 네가 깨끗하여지지 아니하니"(겔 24:13). "화 있을진저 예루살렘이여 네가 얼마나 오랜 후에야 정결하게 되겠느냐"(렘 13:27).

하나님은 당신이 깨끗해지기 원하시며 그러기 위해 당신이 하나님께 항복할 것을 간곡히 분부하신다. 부디 이 제의를 받아들여, 당신이 할 수 없는 그 일을 하나님께서 친히 당신 안에서 당신을 위하여 이루시게 하라.

마.치.는. 글.

"지금은 은혜 받을 만한 때요 구원의 날이로다"

이제 당신의 심정을 말하라. 당신은 이제 어떻게 할 것인가? 그대로 살다가 죽겠는가, 아니면 돌이켜 영생을 받겠는가? 언제까지 소돔에서 머뭇거릴 것인가? 언제까지 두 의견 사이에서 왔다 갔다 할 것인가? 아직도 그리스도와 바라바, 축복과 고통, 하나님의 낙원과 이 헛되고 죄 많은 세상 중 어떤 것이 더 나은지 결정하지 못했단 말인가? 아직도 다메섹강 아마나와 바르발이 에덴의 모든 물줄기보다 좋고, 죄의 더러운 웅덩이가 하나님의 어린양의 보좌에서 흘러내리는, 수정과 같이 맑은 생명수보다 좋단 말인가?

당신은 그리스도만이 하실 수 있는 일을 이 세상이 당신을 위하여 해 줄 수 있다고 믿는가? 이 세상이 당신과 함께 영원토록 있어 줄 것이라 기대하는가? 쾌락과 토지와 명예와 재물이 당신과 함께 땅속까지 내려가 줄 것 같은가? 그렇지 않다면 다른 것을 찾아야 하지 않는가? 그런데 왜 여전히 서성거리는가? 나도 당신을 아그립바 왕처럼 믿기 일보 직전에 버려야 하는가? 당신이 그 상태로 남는다면 영원히 버림당할 수밖에 없다. 온전한 그리스도인이 아니라면 비그리스도인이나 마찬가지다. 언제까지 허망한 생각과 헛된 목적에 빠져 있을 것인가? 언제 단호하고 굳센 결심을 할 것인가? 사탄이 당신을 꾀어 하루하루 지연하도록 만드는 것을 보지 못하는가? 사탄이 얼마나 오랫동안 당신을 꾀어 지옥길을 밟게 하였는지 모른다.

더 이상 늑장 부리지 말고 대답하라. 다음에 하겠다 하지 말고, 지금 당장 속 시원한 대답을 하라. 주님께서 역사하시고 당신을 부르시는 지금 결정을 내리지 못한다면 후에 여기서 읽은 모든 것이 사라져 버리고 마음이 죄의 기만으로 단단해졌을 때에는 더 가망이 없을 것이다. 이제 그만 손을 들지 않겠는가? 마음문을 활짝 열고 주 예수님을 온전히 영접하지 않겠는가? 주님의 언약에 서명하지 않겠는가? 무엇 때문에 주저하는가? 이제 운명의 주사위를 던져라. 그리고 결정을 내려라.

"지금은 은혜 받을 만한 때요 … 지금은 구원의 날이로다"(고후 6:2). "오늘 너희가 그의 음성을 듣거든"(히 3:7). 당신은 왜 오늘을 일생의 행복의 기원으로 삼지 않는가? 왜 위험하고 처참한 상태로 하루를 더 보내려 하는가? 오늘 밤 하나님께서 당신의 영혼을 거두어 가시면 어떻게 할 것인가? 당신이 아직 살아 있는 오늘 모든 것이 눈앞에서 사라지기 전에 이 평안을 깨달아야 한다.

오늘은 당신의 날이며 이것은 다만 하루에 지나지 않는다는 사실을 기억하라. 다른 이들에게도 그들의 날이 있었지만 곧 멸망 가운데로 떨어졌다. 이제 당신도 영원한 운명을 결정하는 세상이라는 무대 위에 서 있다. 기억하라. 영원한 운명이 바야흐로 이 시간에 결정된다. 당신이 현명하지 못한 결정을 내리면 영원히 멸망한다. 지금 당신이 선택하는 것에 따라 당신의 영원한 운명이 결정되는 것이다.

당신에게 생사를 판가름하는 선택권이 있다. 당신의 행복을 가로막는 것이 도대체 무엇이란 말인가? 당신이 고의로 고집하거나 거부하는 것 외에는 아무런 장애도 없다. 에티오피아 내시는 빌립에게 이렇게 말했다. "보라, 물이 있으니 내가 세례를 받음에 무슨 거리낌이 있느냐"(행 8:36). 나 역시 당신에게 비슷한 말을 하겠다. "보라, 그리스도께서 여기 계시고, 긍휼과 죄사함과 생명이 있다. 당신이 죄사함을 받고 구원을 받는 데 거리낄 것이 무엇이겠는가?"

어느 순교자는 화형대에서 기도할 때 특별 사면장이 든 상자를 옆에 두고도 그것을 당당하게 거부했다. 그것은 불명예스러운 조건으로 내려진 것이었기 때문이다. 그러나 여기 우리에게 주어진 조건은 가장 명예롭고 용이한 것이다. 당신은 사면장을 옆에 두고도 멸망할 것인가?

이 순간부터 그리스도께 순복하고, 당신의 죄를 버리고, 자신을 부인하며, 일생 동안 그분의 멍에를 메고, 십자가를 지라. 그러면 그리스도는 당신의 것이 되고, 아울러 죄사함과 평안과 생명과 축복도 당신의 것이 될 것이다. 참으로 받아들일 만한, 가치 있는 제안 아닌가? 왜 주저하며 의심에 찬 논쟁만 벌이려 하는가? 하나님이 죄보다 낫고, 영광이 허무보다 낫다는 것은 논란의 여지조차 없는 것 아닌가? 왜 당신을 위한 긍휼을 저버림으로써 자신의 생명을 해하는 죄를 지으려는 것인가? 언제 게으름과 변명을 버리려는가?

내일 일을 자랑하지 말라. 오늘 밤 당신이 어디에 잠자리를 펼지 모르는 일이다.

성령께서 지금 당신의 마음에서 역사하신다. 그분이 언제까지나 당신의 마음을 두드리시지는 않을 것이다. 하나님의 말씀으로 마음이 뜨거워지며, 죄를 버리고, 그리스도께로 나와야겠다는 것을 느끼지 못했는가? 위험에 대한 경고와 그와 같이 경솔하게 살아가다가는 어떤 종말을 맞게 될지 모른다는 세미한 소리가 마음속에 들리지 않는가?

어쩌면 당신은 어린 사무엘처럼 주님께서 연거푸 부르셨는데

마치는 글 235

도 그 음성을 알아듣지 못한 것인지 모른다. 당신 안에 있는 조그마한 동요는 성령의 초청이고, 부르심이며, 두드리시는 소리다. 이때를 놓치지 말고, 성령께서 찾아와 주시는 기회를 버리지 말라.

주 예수님께서 지금 두 팔을 벌리고 당신을 영접하려 하신다. 주님의 감동적이고도 애타는 사랑의 호소가 들리지 않는가? "내 사랑하는 자의 목소리"(아 2:8), 곧 그리스도의 음성을 들을 때 교회는 환희의 도가니 속으로 들어가게 된다. 그런데도 당신은 귀를 막겠는가? 그분 음성은 백향목을 꺾고 산들이 송아지처럼 뛰게 하고 광야를 흔들며 불꽃을 가른다(시 29:5-9). 그분의 음성은 시내산의 뇌성이 아니라 부드럽고 고요한 소리다. 그것은 에발산의 저주와 공포의 소리가 아니라 그리심산의 복되고 기쁜 소식을 전하는 소리다. 전쟁을 알리는 요란한 나팔소리가 아니라 평강의 왕으로부터 오는 평화의 소식이다.

마르다가 누이에게 말한 것처럼 나 또한 죄인들에게 다음과 같이 고한다. "선생님이 오셔서 너를 부르신다"(요 11:28). 마리아처럼 급히 일어나 주님께 오라. 얼마나 정다운 초대인가!

주님께서 넓은 거리에 서서 외치신다.

"누구든지 목마르거든 내게로 와서 마시라"(요 7:37).

얼마나 너그러우신가!
주님은 아무도 빼놓지 않고 부르신다.

"원하는 자는 값없이 생명수를 받으라"(계 22:17).
"너는 와서 내 식물을 먹으며 내 혼합한 포도주를 마시고 어리석음을 버리고 생명을 얻으라"(잠 9:5-6).
"내게로 오라. … 나의 멍에를 메고 내게 배우라. 그리하면 너희 마음이 쉼을 얻으리니"(마 11:28-29).
"내게 오는 자는 내가 결코 내쫓지 아니하리라"(요 6:37).

주님께서 완고하게 거부하는 자들로 인해 얼마나 슬퍼하시는지 모른다.

"예루살렘아 예루살렘아 선지자들을 죽이고 네게 파송된 자들을 돌로 치는 자여 암탉이 그 새끼를 날개 아래에 모음같이 내가 네 자녀를 모으려 한 일이 몇 번이냐. 그러나 너희가 원하지 아니하였도다"(마 23:37).
"내가 여기 있노라 내가 여기 있노라 하였노라. 내가 종일 손을 펴서 자기 생각을 따라 옳지 않은 길을 걸어가는 패역한 백성들을 불렀나니"(사 65:1-2).

이 사랑의 호소를 듣고 그분의 사랑의 품에 안기라.

주 예수님이 옥문을 활짝 열어젖히시고 그분의 사역자를 통해 당신을 그곳에서 나오라고 부르신다. 그리스도께서 궁궐이나 낙원에 있는 당신을 불러내시는 거라면 나오지 않는 것이 당연하다. 물론 그럼에도 불구하고 아담은 매우 쉽게 속았다. 주님께서 당신을 감옥에서, 쇠사슬에서, 깊은 토굴에서, 어둠 속에서 나오라고 부르시는데 왜 나오지 않으려 하는가? 주님이 당신을 자유로운 곳으로 불러내시는데도 듣지 않을 것인가? 주님의 멍에는 쉽고, 그분의 율법은 자유롭고, 그분을 섬기는 것도 자유다. 당신이 하나님의 길에 대해 어떤 편견을 가졌든 하나님을 믿기만 하면 그 모든 것이 당신의 즐거움과 평안이 되고, 말할 수 없는 기쁨과 끝없는 즐거움과 행복을 누리게 될 것이다(잠 3:17; 벧전 1:8; 시 119:103, 111, 165).

차마 당신을 버려 둘 수 없다. 이제 그만 끝내려 한다. 끝내기 전에 그리스도와 당신 사이에 언약이 맺어지기를 간절히 바란다. 당신을 그냥 내버려 두기 바라는가? 여기까지 읽어 오면서 아직까지 죄를 못 버리고 예수 그리스도를 모시기로 결심하지 않았단 말인가?

아, 슬프다. 더 이상 무슨 말을 하겠는가? 당신은 끝내 나의 모든 충고를 거절하려는가? 지금까지 내가 헛수고를 했단 말인가? 그토록 여러 이론과 말로 당신을 설득하려 했는데 이대로 물러서란 말인가? 나를 외면하는 것은 아무 문제가 아니다. 다만 그렇게 할 때 당신은 당신을 지으신 하나님을 우습게 여기고 구세주의 애타는 사랑과 권고를 물리치는 것이다. 당신이 회개하고 회심하지 않으면 마침내 성령을 대적하는 자로 낙인찍히고 말 것이다.

이토록 오랫동안 당신을 향하여 외쳤는데도 당신은 이를 거절했다. 그러나 나는 "모든 것이 다 끝났다!"라고 비참한 선언을 하기 전에 도시의 가장 높은 곳에 서서 나팔을 불듯 큰 목소리로 다시 한 번 외치겠다. 다시 한 번 지각없는 죄인에게 소리쳐 그들을 잠에서 깨우고자 한다. "땅이여, 땅이여, 땅이여, 여호와의 말을 들을지니라"(렘 22:29). 당신이 죽기로 작정하지 않았다면 마지막으로 외치는 긍휼의 소리를 들으라. 하나님의 이름으로 공개적으로 이것을 선언한다.

"아들들아 이제 내게 들으라. … 훈계를 들어서 지혜를 얻으라. 그것을 버리지 말라"(잠 8:32-33).
"너희 모든 목마른 자들아 물로 나아오라. 돈 없는 자도 오라. 너희는 와서 사 먹되 돈 없이, 값없이 와서 포도주와 젖을 사라. 너희가 어찌하여 양식이 아닌 것을 위하여 은을 달아 주며

배부르게 하지 못할 것을 위하여 수고하느냐. 내게 듣고 들을 지어다. 그리하면 너희가 좋은 것을 먹을 것이며 너희 자신들이 기름진 것으로 즐거움을 얻으리라. 너희는 귀를 기울이고 내게로 나아와 들으라. 그리하면 너희의 영혼이 살리라. 내가 너희를 위하여 영원한 언약을 맺으리니 곧 다윗에게 허락한 확실한 은혜이니라"(사 55:1-3).

모든 병든 사람과 고통당하는 사람과 귀신 들린 사람과 교만이나 정욕이나 탐욕이나 분냄으로 괴로워하는 자들이여, 의사 중의 의사이신 예수께로 오라. 병자들을 데리고 오라. 여기에 모든 질병과 모든 질환을 고치는 분이 계시다.

괴로움 중에 있는 모든 사람이여, 그리스도께로 나아오라. 그분이 당신의 대장이 되어 주실 것이다. 그분은 율법이 당신을 체포하지 못하게 보호하실 것이며, 공의의 손에서 당신을 건져 주실 것이다. 주님은 당신에게 문이 열린 성소와 같고, 잘 알려진 도피성과 같다. 죄를 버리고 들어오라. 그러지 않으면 피를 찾는 복수자의 진노가 당신을 삼켜 버릴까 두렵다.

눈멀고 무지한 모든 죄인이여, 와서 안약을 사 바르고 눈을 뜨라. 헛된 변명은 집어치우라. 당신이 그대로 나아가면 영원토록 멸망할 수밖에 없다. 그리스도를 당신의 선지자로 모시라. 그러면 당신에게 빛을 주실 것이다. 당신이 지혜를 찾아 그분께 부르짖고, 그분의 말씀을 연구하고, 신앙에 대하여 각성하며, 하나님 앞에 겸손해지면, 주께서 길을 보여 주시고 구원에 이르는 지혜를 주실 것이다.

그러나 당신이 주님을 좇지 않고 그저 한 달란트밖에 가지고 있지 않다고 주저앉으면 주님께서는 악하고 게으른 종이라고 당신을 정죄하실 것이다(마 25:24-30).

모든 불신앙의 죄인들이여, 와서 생명을 얻으라. 주께로 돌아오라. 그분이 당신에게 긍휼을 베푸실 것이다. 당신이 진정으로 돌이키고 그리스도께로 나오기만 하면, 당신의 입에 가득 찼던 욕과 배설물과 온갖 죄와 불경스러운 것이 모두 용서될 것이다.

더러운 죄인들이여, 당신의 얼굴에서 음란을 제하고 가슴에서 음행을 제하라(호 2:2). 그리하여 하나님만 홀로 사용하실 수 있는 거룩한 그릇으로 당신 자신을 그리스도께 드리라.

그렇게 하면 "너희의 죄가 주홍같을지라도 눈과 같이 희어질 것이요 진홍같이 붉을지라도 양털같이 희게 되리라"(사 1:18, 사 6:7; 눅 7:47 참조).

술 취한 자들이여, 언제까지 술에 취해 있을 것인가? 지금까지는 죄의 구렁텅이에서 뒹굴었지만 이제 맑고 의롭고 경건하게 살기 위하여 당신 자신을 그리스도께 드리라. 그분의 의를 붙들

라. 그분의 통치하심을 받으라. 그러면 비록 당신이 악했을지라도 그리스도께서 모두 씻어 주실 것이다(계 1:5).

거짓되고 악한 무리들 가운데 끼어 음탕한 쾌락으로 시간을 낭비하는 허황된 친구들이여, 지혜가 부르는 소리를 듣고 어서 와서 그가 지시하는 길을 택하라. 그리하면 생명을 얻을 것이다(잠 9:5-6).

비웃는 자들이여, 하나님의 말씀을 들으라. 당신은 경건함과 경건한 생활을 하는 자들을 비웃고 그리스도와 그분의 도를 조롱했지만, 그리스도께서는 당신도 그분의 은혜의 날개 아래 품으려고 부르신다. 아무리 흉악한 죄인일지라도 참된 회개를 하면 주 예수님의 이름과 하나님의 성령 안에서 씻음과 거룩함과 의롭다 하심을 얻게 된다(고전 6:10-11).

형식적인 신자여, 당신은 미지근하며 경건의 모양만 있을 뿐이다. 오늘 절름발이 생활을 청산하고 진실한 그리스도인이 되라. 열심히 회개하라. 그러면 이전에는 그리스도의 마음을 상하게 하는 자였을지라도 이제 그리스도의 마음을 기쁘게 해 드리는 존재가 될 것이다(계 3:16-20).

이제 긍휼이 당신에게 주어졌다는 사실을 증거하라. "내가 오늘 하늘과 땅을 불러 너희에게 증거를 삼노라. 내가 생명과 사망과 복과 저주를 네 앞에 두었은즉 너와 네 자손이 살기 위하여 생명을 택하고"(신 30:19). 나는 다만 당신에게 경고하고 간청할 뿐이다. 내가 당신을 강제로 행복하게 해 줄 수는 없다. 물론 할 수만 있다면 그렇게 했을 것이다. 당신이 나의 주인께 드릴 대답은 무엇인가? 아브라함의 종이 나홀의 가족에게 말했던 것처럼 당신에게 말하겠다. "이제 당신들이 인자함과 진실함으로 내 주인을 대접하려거든 내게 알게 하라"(창 24:49 참조).

당신에게서 리브가의 대답처럼 기쁜 대답을 들을 수 있다면 얼마나 좋겠는가! "그들이 이르되 우리가 소녀를 불러 물으리라 하고 리브가를 불러 그에게 이르되 네가 이 사람과 함께 가려느냐? 그가 대답하되 가겠나이다"(창 24:57-58).

당신에게서 이런 대답을 들을 수만 있다면! 당신의 구원에 대하여 애태우는 나를 당신은 왜 참소자로 만들려 하는가? 당신은 왜 사랑의 호소를 당신의 고집과 불행을 한층 더 쌓게 하는 수단으로 사용하려 하는가? 스스로 판단하여 보라. 간절한 호소에도 불구하고 계속 죄의 길로 간 자들에 대한 형벌이 두 배나 더 가혹한 것은 당연한 이치 아니겠는가! 심판날이 이를 때에는 두로와 시돈이나 소돔과 고모라에 내린 형벌이 당신에게 내릴 형벌보다 견디기 쉬울 것이다(마 11:22-24).

사랑하는 자여, 당신의 영혼이 멸망하는 것에 대하여 조금이라도 안타까워하는 마음이 있다면 부디 당신에게 주어진 긍휼을 받으라. 당신을 지으신 하나님을 조금이라도 두려워한다면 그분의 명령을 좇아 돌아오라. 당신이 은혜를 멸시하는 자가 아니라면 긍휼의 문이 닫히지 않게 회개하고 회심하라. 천국의 문이 헛되이 열리지 않게 하라. 주님께서 그 창고를 여시고 돈 없이 값없이 와서 사라고 하신 말씀이 헛되이 돌아오지 않게 하라. 성령님과 주의 사역자들의 수고가 헛되이 돌아가게 하지 말라. 끝까지 그 권면을 거부한다면 당신에게 다음과 같은 선고가 내려질 것이다. "풀무불을 맹렬히 불면 그 불에 납이 살라져서 단련하는 자의 일이 헛되게 되느니라. ··· 사람들이 그들을 내버린 은이라 부르게 될 것은 여호와께서 그들을 버렸음이라"(렘 6:29-30).

모든 심령의 아버지, 저의 연약한 힘으로는 도저히 어찌할 수 없는 이 심령을 받아 주소서. 저는 그에게서 손을 떼어도 주님은 손을 떼지 말아 주소서. 주님의 능력의 말 한마디면 모든 문제가 해결됩니다. 한 번 열면 닫을 자가 없는 다윗의 열쇠를 쥐신 하나님, 루디아의 마음을 여셨듯이 이 굳은 심령의 문을 여시고 영광의 왕께서 들어가 그 영혼을 사로잡아 주옵소서. 유혹자가 그를 망설이게 하여 그 마음이 더욱 단단해질까 두렵습니다. 그 심령이 자신의 죄를 버리고 주님이 제시하신 대로 자기를 부인하여 생명을 얻을 때까지 이 자리를 떠나거나

이 글에서 눈을 돌리지 못하게 하옵소서. 주님, 저는 오직 주님의 이름으로 이 모든 수고를 했습니다. 이제 주님의 이름으로 이 모든 것을 끝마칩니다. 그동안의 모든 시간이 헛되지 않게 하옵소서. 영혼의 마음속에 일어났던 온갖 생각과 고통이 헛되지 않게 하옵소서.

주님, 이 글을 읽는 영혼의 마음에 주님의 손을 얹으시고, 수레를 타고 하나님의 말씀을 읽는 내시에게 빌립을 보내셨듯이 성령을 보내 주옵소서. 그리하여 비록 저의 생전에는 알 길이 없겠지만 그래도 주님께 간구하오니 마지막날에 이 수고를 통하여 회개한 영혼들이 나타나게 하옵소서. 그리고 그들 중 단 몇 명이라도 이 말씀의 권고로 주님 앞에 돌아왔노라고 말하게 하옵소서. 아멘, 아멘.

부.록.
거듭나지 않은 자를 위한 독백

아, 저는 비참한 인간입니다. 죄 때문에 이와 같은 곤경에 빠졌습니다.

이제 알았습니다. 제 마음이 아무렇지도 않은 것처럼 생각하며 스스로를 지금까지 기만해 온 것을 말입니다. 그리고 하나님께서 이 궁지에서 저를 건져 주시지 않는다면 저는 잃어버린 바 되고 멸망해 버릴, 영원히 멸망해 버릴 신세임을 알았습니다.

주님, 저는 매우 더럽고 부패한 자입니다. 가장 무서운 독이나 악취 나는 송장보다도 더 더럽고 냄새나는 존재입니다. 저는 지금까지 괜찮다고 자위해 왔지만, 제 마음속에 지옥과 같은 죄가 얼마나 많이 숨겨져 있는지 모릅니다.

주님, 저는 속속들이 썩었습니다. 제가 하는 일이나 능력까지도 부패할 대로 부패했습니다.

저의 모든 생각은 끊임없이 악한 것뿐입니다. 저는 선한 것을 행할 힘도 없고, 그것을 싫어하며, 나아가 그것에 대적할 수밖에 없어 악만 행할 뿐입니다.

또한 제 마음은 죄의 시궁창입니다. 죄된 생각과 말과 행동이 얼마나 많이 제 속에서 들끓으며 흘러나오고 있는지 모릅니다. 제 마음을 무겁게 누르는 이 죄짐을 어떻게 하면 좋습니까? 제 머리도 심령도 마음도 지체도 죄로 가득 차 있습니다. 이 죄를 어찌해야 합니까? 그것이 저를 뚫어지게 바라봅니다. 빚쟁이들이 저를 괴롭힙니다. 모든 계명이 저를 붙잡고 일만 달란트 이상을, 아니 일만 달란트의 만 배를 요구합니다. 도대체 제 빚은 얼마입니까?

이 땅과 하늘이 종이로 꽉 차 있고 그 종이 안팎에 온통 숫자가 적혀 있어 그것을 전부 합한다 해도, 제가 범한 하나님의 지극히 작은 계명에 대한 빚을 갚기에 부족합니다. 저의 빚은 무한하고, 죄는 자꾸 늘어납니다. 죽을 수밖에 없는 인간에게 지은 죄로도 심문을 당하고 구속되어 옥에 갇히는데, 하늘을 향해 반역의 손을 휘두르고 전능자의 위엄과 권세를 깎아 내린 죄는 얼마나 더 큰 형벌을 받아야 마땅하겠습니까?

나의 죄! 나의 죄! 그것은 군대와도 같고, 셀 수조차 없는 큰 무리와도 같습니다. 이 숱한 악이 저를 둘러쌉니다. 저의 불의가 저를 붙들고 대적합니다. 저의 죄가 제 위에 떨어져 영혼을 상하게 하는 것보다 차라리 지옥의 모든 군대가 저를 대항하는 것이 낫겠습니다.

주님, 저는 사면초가가 되었습니다. 저를 대적하는 자가 너무 많습니다. 그들이 제 앞뒤를 포위했고, 제 안팎에서 득실거리고 있습니다. 제 모든 힘을 빼앗고, 제 불쌍한 영혼을 마치 그들의 요새처럼 사용하여 그들의 군병으로 수비하며 저를 창조하신 하나님을 대적합니다.

그들은 숫자가 많은 만큼 힘도 셉니다. 모래알은 숫자가 많지만 크지 않고, 높은 산은 그 수가 많지 않습니다. 그러나 저의 죄는 모래알처럼 많고, 태산처럼 큽니다. 그리고 그 무게는 숫자보다 더 큽니다. 이 견딜 수 없는 죄짐에 눌려 신음하기보다 차라리 바위나 산이 제게 떨어지는 편이 낫겠습니다.

주님, 저는 무거운 짐을 지고 있습니다. 주의 긍휼하심으로 저를 도와주시지 않으면 제겐 소망이 없습니다. 이 무거운 죄의식을 덜어 주시고 짓누르는 짐을 내려 주시지 않으면 저는 아무 소망 없이 억압되어 지옥까지 몰려가고 말 것입니다.

저의 슬픔을 죄와 함께 저울에 올려놓는다면 바다의 모래보다 더 무거울 것입니다. 그래서 저는 이를 말로 다 표현할 수 없습니다. 그것은 실로 모든 바위와 산과 섬들보다 더 무거울 것입니다. 오, 주님! 주님은 저의 이 허다한 허물과 커다란 죄들을 아십니다.

나의 영혼이여! 나의 영광이여! 너는 지금 얼마나 낮아졌는가? 한때는 만물의 영광, 하나님의 형상이었던 네가 이제는 더러운 쓰레기더미요 구역질나는 냄새로 가득한, 썩어 가는 관이로구나!

주님, 저의 죄가 어떤 일을 저질렀습니까? 저는 "버려진 자"로 일컬음받고, 제 기능의 모든 방은 "황폐한 곳"이 되며, "영광이 어디 있느냐"라는 뜻의 "이가봇"이란 이름으로 불리게 되었습니다. 어떻게 이토록 비참해졌습니까! 저의 아름다움은 추함으로 바뀌었고, 저의 영광은 부끄러움으로 변했습니다.

주님, 저는 정말 보기 흉한 한센병자입니다. 불의를 보지 못하시는 거룩하신 하나님 앞에 나타나는 저의 모습에 비하면, 욥이나 나사로의 부스럼투성이의 몸이 사람들의 눈과 코를 괴롭힌 것은 아무것도 아닙니다.

저는 죄로 말미암아 얼마나 비참하게 되었는지 모릅니다. 주님, 저는 비참한 상태에 빠졌습니다. 죄에 속하고, 하나님의 은총에서 쫓겨나고, 제 몸과 영혼과 이름과 재산, 제 사업과 제게 있는 모든 것이 저주를 받게 되었습니다. 저의 죄는 사함을 받지 못했고, 제 영혼은 죽음 일보 직전에 서 있습니다.

슬픕니다. 저는 어떻게 해야 합니까? 위에서는 하나님께서 찌푸리신 낯으로 내려다보시고, 밑에서는 양심이 치며, 밖에서는 시험과 위험이 저를 겹겹이 싸고 있습니다.

제가 어디로 날아가겠습니까? 전지하신 분으로부터 저를 숨겨 줄 자가 어디 있습니까? 전능하신 분으로부터 보호해 줄 힘이 어디 있습니까?

내 영혼아, 이런 상태로 계속 살아가는 이유가 무엇인가? 지옥과 동맹을 맺은 것인가? 사망과 언약을 맺은 것인가? 비참함과 연애를 하는가? 이런 상태로 지내는 것이 좋단 말인가?

오, 주님, 어떻게 해야 합니까? 계속 죄의 길로 갈까요? 그렇게 하면 저는 틀림없이 멸망으로 끝을 맺게 될 것입니다. 보잘것없는 육신의 쾌락과 안위와 술, 이익과 위안의 대가로 제 영혼을 지옥불에 던질 만큼 미친 짓을 할 수는 없습니다. 이 비참한 상태에서 우물쭈물할 수도 없습니다. 여기서 우물쭈물하다가는 죽고 말 것입니다.

저에게는 어떤 해결책도 없습니까? 회개하기 전에는 아무런 소망이 없음을 압니다. 그러나 이토록 끔찍한 불행을 해결할 방법이 있습니다. 이처럼 말 못할 죄를 범하고도 긍휼을 바랄 수 있습니다. 하나님의 맹세는 진실합니다. 제가 지금 진정으로 아무 조건 없이 그리스도를 통하여 하나님께로 돌이키면, 하나님께 죄사함과 긍휼히 여김을 받을 수 있습니다.

긍휼과 사랑의 하나님, 제 영혼이 주님 앞에 무릎을 꿇고 지금까지 저를 참아 주신 것에 감사를 드립니다. 주님이 저를 이 상태로 데려가셨다면 저는 영원히 멸망했을 것입니다. 이제 저는 주님의 은혜를 찬양하며 주님의 은혜를 받아들입니다. 저의 모든 죄를 버리고, 주님의 은혜를 힘입어 죄와 싸우며, 한평생 성결과 의로운 생활로 주님을 좇겠습니다.

주님, 주님 발의 먼지조차 떨어낼 자격이 없는 제가 어떻게 감히 주님의 이름을 부르며 주님의 분깃을 얻을 수 있겠습니까? 그러나 주께서 금홀을 내밀고 계시기에 저는 담대히 나아가 그것을 만집니다.

절망하는 것은 주님의 긍휼을 무시하는 것이고, 주께서 오라고 부르시는데 즉시 가지 않는 것은 겸손의 미명 아래 나 자신을 망치고 주님을 거역하는 일이 될 것입니다. 그래서 저의 영혼은 주님 발 앞에 무릎을 꿇고, 모든 감사로 주님을 영접하고, 저 자신을 주님께 드립니다.

저를 다스려 주시고, 저의 왕이 되시고, 저의 하나님이 되어 주옵소서. 주께서 보좌에 앉으시니 제 모든 힘이 주님 발 앞에 경배드립니다. 주님, 주님은 제 분깃이므로 저는 주님 안에서 쉬겠나이다.

주님은 저의 심령을 부르시지만 이 심령은 주께서 받으실 만한 것이 못 되는데 어떻게 하면 좋겠습니까? 저는 부족하고, 영원토록 부족합니다. 그러나 주님이 용납해 주시니 저의 심령을 모두 기꺼이 드리겠습니다. 가져가소서. 주님의 것입니다. 그것이 더 좋은 것이었다면 얼마나 좋았을까요! 그러나 주님, 마음을 고치실 수 있는 유일한 분이신 주님께 제 마음을 맡깁니다. 제 마음을 주님의 마음과 같이 만들어 주옵소서. 주께서 원하시는 대로 거룩하고, 겸손하고, 부드럽고, 유순한 마음이 되게 하시고, 그 위에 주님의 율법을 기록하여 주옵소서.

주 예수님, 어서 오셔서 의기양양하게 제 마음에 입성해 주옵소서. 저를 영원히 주님의 것으로 하여 주옵소서. 저를 드립니다. 주님은 아버지께로 나아갈 수 있는 유일한 길이시며 유일한 중보자이시니, 제가 하나님께 나아갈 수 있는 유일한 방편으로 알고 나아갑니다. 저는 저 자신을 파괴시켰지만, 주님께는 저를 도우실 능력이 있습니다. 주님, 저를 구원하옵소서. 그러지 않으시면 제가 멸망합니다.

저는 목에 밧줄을 걸고 주님께 나옵니다. 저는 죽고 저주받아야 마땅합니다. 종에게 품삯을 주고 일꾼에게 임금을 주는 것이 당연한 것처럼, 저에겐 죗값으로 사망과 지옥이 주어져야 합니다. 그러나 저는 주님의 공로로 달려갑니다. 주께서 받으신 고난의 가치와 그 공로와 중보하시는 능력만을 의지합니다. 주님의 가르침에 순복하고 주님의 통치를 받겠습니다.

영원한 문아 열려라. 영광의 왕께서 들어가신다.

택하신 자를 위로하시며 성결케 하시는 전능하신 성령님, 주님의 은혜와 열매를 모두 데리고 들어오소서.

저를 주님의 거처로 삼으소서. 이미 주님의 소유였던 것 외에는 제게 드릴 게 없나이다. 그러나 자기의 모든 소유였던 두 렙돈을 드린 과부처럼 저도 저의 두 렙돈인 영혼과 몸을 주님의 헌금함에 넣어 완전히 주님께 드리오니, 저를 성결케 하시고 주님의 종으로 사용해 주옵소서.

저의 몸과 영혼은 이제 주님의 환자입니다. 주께서 그들의 병을 고쳐 주옵소서. 그들은 이제 주님의 것입니다. 그들의 일거일동을 다스려 주옵소서.

저는 너무 오랫동안 세상을 섬겼고, 너무 오랫동안 사탄의 말을 들었습니다. 그러나 이제는 그 모든 것을 버리고 오직 주님의 명령과 교훈과 인도만을 따르겠습니다.

삼위일체이신 하나님, 영광스러운 하나님, 주님께 저를 의탁합니다. 저를 받아 주시고 주님의 이름을 저와 제 모든 소유물 위에 기록하여 주님의 소유로 삼아 주옵소서. 주님의 표를 저와 제 몸의 모든 지체와 영혼의 각 부분에 새겨 주옵소서. 저는 주님의 가르침을 택하였습니다. 제 앞에 주님의 율법을 두고, 주님의 은혜 안에서 그 법칙을 따라 행하고자 합니다.

비록 주님의 계명 하나조차 온전히 지키지 못하지만 고의로는 하나라도 위반하지 않겠습니다. 저의 육신이 말을 듣지 않겠지만 주님의 은혜에 힘입어 어떤 대가를 치르더라도 주님과 주님의 거룩한 길을 좇겠습니다.

주님 곁에 있으면 결코 패자가 되지 않는다는 것을 압니다. 그러므로 어떤 모욕과 곤란과 수고를 겪더라도 개의치 않고 자신을 부인하고 주님의 십자가를 지고 주님을 좇겠나이다.

주 예수님, 주님의 멍에는 쉽습니다. 주님의 십자가가 주님께 나아가는 길이 되기에 기꺼이 맞이하겠습니다. 저는 이제 이 세상 행복에 대한 모든 소망을 버립니다. 주님 앞에 갈 때까지 꾸준히 참으려 합니다. 이 땅에서는 제가 가난하고 천하고 무시받으며 살게 하옵소서.

주님, 저는 마음과 손으로 이 합의서에 서명합니다. 이것이 메대와 바사의 법처럼 확고부동한 것이 되게 하옵소서. 주님의 은혜로 이 약속을 이행하며 살다가 죽겠습니다. 주님의 의로운 뜻을 지키기로 결심했사오니 이제 그것을 실행하겠습니다. 이는 제가 스스로 택한 것이고, 영원한 것입니다.

주 예수님, 이 계약을 확정지어 주옵소서. 아멘.

사명선언문

너희가 흠이 없고 순전하여……세상에서 그들 가운데 빛들로
나타내며 생명의 말씀을 밝혀 _ 빌 2:15-16

1. 생명을 담겠습니다
만드는 책에 주님 주신 생명을 담겠습니다.
그 책으로 복음을 선포하겠습니다.

2. 말씀을 밝히겠습니다
생명의 근본은 말씀입니다.
말씀을 밝혀 성도와 교회의 성장을 돕겠습니다.

3. 빛이 되겠습니다
시대와 영혼의 어두움을 밝혀 주님 앞으로 이끄는
빛이 되는 책을 만들겠습니다.

4. 순전히 행하겠습니다
책을 만들고 전하는 일과 경영하는 일에 부끄러움이 없는
정직함으로 행하겠습니다.

5. 끝까지 전파하겠습니다
모든 사람에게, 땅 끝까지, 주님 오시는 그날까지
복음을 전하는 사명을 다하겠습니다.

서점 안내

광화문점　서울시 종로구 새문안로 69 구세군회관 1층
　　　　　　02)737-2288 / 02)737-4623(F)

강남점　　서울시 서초구 신반포로 177 반포쇼핑타운 3동 2층
　　　　　　02)595-1211 / 02)595-3549(F)

구로점　　서울시 동작구 시흥대로 602, 3층 302호
　　　　　　02)858-8744 / 02)838-0653(F)

노원점　　서울시 노원구 동일로 1366 삼봉빌딩 지하 1층
　　　　　　02)938-7979 / 02)3391-6169(F)

분당점　　경기도 성남시 분당구 황새울로 315 대현빌딩 3층
　　　　　　031)707-5566 / 031)707-4999(F)

일산점　　경기도 고양시 일산서구 중앙로 1391 레이크타운 지하 1층
　　　　　　031)916-8787 / 031)916-8788(F)

의정부점　경기도 의정부시 청사로47번길 12 성산타워 3층
　　　　　　031)845-0600 / 031) 852-6930(F)

인터넷서점 www.lifebook.co.kr